WJL 6/04

V&R

Rainer König / Uwe Haßelmann

Konflikte managen am Arbeitsplatz

Ein Handbuch für Praktiker

Mit 3 Abbildungen und 8 Tabellen

Vandenhoeck & Ruprecht

Bibliografische Information Der Deutschen Bibliothek

Die Deutsche Bibliothek verzeichnet diese Publikation in der Deutschen Nationalbibliografie; detaillierte bibliografische Daten sind im Internet über <http://dnb.ddb.de> abrufbar.

ISBN 3-525-46178-X

© 2004, Vandenhoeck & Ruprecht, Göttingen / www.v-r.de
Alle Rechte vorbehalten. Das Werk und seine Teile sind urheberrechtlich geschützt. Jede Verwertung in anderen als den gesetzlich zugelassenen Fällen bedarf der vorherigen schriftlichen Einwilligung des Verlages. Hinweis zu § 52a UrhG: Weder das Werk noch seine Teile dürfen ohne vorherige schriftliche Einwilligung des Verlages öffentlich zugänglich gemacht werden. Dies gilt auch bei einer entsprechenden Nutzung für Lehr- und Unterrichtszwecke. Printed in Germany.
Satz: Satzspiegel, Nörten-Hardenberg
Druck und Bindung: Hubert & Co., Göttingen

Gedruckt auf alterungsbeständigem Papier.

■ Inhalt

Vorwort 7

Was sind Konflikte eigentlich und wie entstehen sie? 9
Der Konflikt als Konflikt 9
Konfliktdefinitionen in der Konfliktliteratur 11
Versuch einer integrativen Konfliktdefinition 13
   Das Gefühl der Bedrohung als Kern des Konflikts 13
   Konflikte sind immer sozial, da sie stets über
   Kommunikation erzeugt werden 17
   Rollenkonflikte oder Konflikte, die man mit
   sich selbst hat 19
   Soziale Unterschiede als Basis von Konflikten 25

**Was heißt Konfliktmanagement – Wie verlaufen
Konflikte und was sollte man tun?** 29
Die Konflikte mit dem Konfliktmanagement – Die Rolle
des »helfenden Dritten« 29
Die typischen Prozessstufen eines Konflikts 31
Konflikte managen – nicht meistern 36
   Systematisches Vorgehen beim Konfliktmanagement . . 37
   Methodisches Vorgehen beim Konfliktmanagement . . . 39
   Konfliktprophylaxe – Vorbeugen ist besser als heilen . . 41
   Konfliktmoderation – Betroffene zu Beteiligten
   machen 48
   Konfliktmediation – Betroffene zu Mit-Beteiligten
   machen 59
   Das Machtwort – Betroffene zu Weisungsempfängern
   machen 63

Der Vorgesetzte als Konfliktmanager 66
Die typischen Konfliktfelder in professionellen Organisationen und wie Vorgesetzte damit umgehen können ... 68
   Organisationen, die per se konflikthaften
   sozialen Gebilde 68
   Wie mit Konfliktfeldern umgehen? 76
Die typischen Führungskonflikte in professionellen
Organisationen 81
   A-Konflikte: Vorgesetzte und Mitarbeiter –
   Der Vorgesetzte als aktiver Teil des Konflikts 85
   B-Konflikte: Vorgesetzte und Kollegen –
   Machtkampf und Konflikt in Organisationen 88
   C-Konflikte: Vorgesetzte und eigene Vorgesetzte 91
   D-Konflikte: Vorgesetzter als Beobachter
   von Konflikten 98
Die Vorgesetzten-Intervention als Moderation:
Das E – P – D – E – S-Schema 103
Die Vorgesetzten-Intervention als Mediation 108
Die Vorgesetzten-Intervention als Machtwort 109
Zusätzliche Tipps zur Moderation und Mediation
von Konfliktgesprächen 111

Mobbing als Konfliktfeld 113
Mobbing – ein Definitionsversuch 114
Was kann getan werden? 117
Die 45 Mobbing-Handlungen – Was Mobber genau tun 118
Geschlechtsspezifische Aspekte des Mobbings 120
Die psychosomatischen Wirkungen des Mobbings 121
Checkliste zur Stimmung am Arbeitsplatz 122

Literatur 124

■ Vorwort

Für einen unserer ehemaligen Chefs gab es nur drei Sorten von Sachbüchern:
- solche, die zwar praxisnah formuliert sind, aber nichts theoretisch Neues enthalten,
- solche, die zwar theoretisch Neues explizieren, aber nichts für die Praxis Interessantes bereitstellen
- und schließlich solche, die sowohl praxisnah formuliert sind als auch theoretisch Neues vermitteln.

Das vorliegende Buch will sich bei den zuletzt genannten Büchern einreihen. Wir haben also versucht, Text und Kapitel so aufzubauen, dass der Praktiker vor Ort leicht damit arbeiten kann und Hinweise zum konstruktiven Umgang mit Konflikten erhält.

Darüber hinaus hoffen wir, auch theoretisch Interessantes darzustellen. So dürfte der in diesem Buch entworfene Konfliktbegriff einige Leser überraschen und vielleicht zum kritischen Widerspruch anregen. Wir würden uns freuen, wenn das Buch solch einen Dialog auslösen würde.

■ Was sind Konflikte eigentlich und wie entstehen sie?

■ Der Konflikt als Konflikt

»Altern dachte ich, sei etwas, das älteren Menschen zustößt« oder nur mit anderen Leuten geschieht (Brett 2000, S. 9). Die Erkenntnis, dass nicht nur andere, sondern sie selbst altern, ist für viele Menschen der größte Konflikt ihres Lebens.

Anders bei jungen Leuten. Der kleine Tom wird dauernd an seinem großen Bruder und dieser an seinem Vater gemessen. Als Kind hat man das Gefühl, nur nach anderen, aber nie nach den eigenen Wünschen, Sehnsüchten und Zielen beurteilt zu werden. Und das nervt.

Ute S., seit einigen Wochen Abteilungsleiterin, klagt darüber, dass ihre männlichen Mitarbeiter sie als Vorgesetzte nicht akzeptieren. Die Mitarbeiterinnen dagegen neiden ihr diesen Aufstieg. Permanent hat sie deshalb mit Abwehr- und Neidsignalen zu kämpfen.

Heinz R. wurde zum Prozessbegleiter ausgebildet, hat also die Aufgabe, die Kollegen bei der Umorganisation des Unternehmens zu begleiten und zu betreuen. Aber anstatt in ihm einen kollegialen Helfer zu sehen, decken sie ihn mit ihrem Reformfrust zu. Für sie ist Heinz R. die personifizierte Reform und damit schuld an ihrem »Unglück«. In seinen Workshops hat er darum trotz größter Zuwendung seinerseits andauernd mit Aggressionen gegen sich zu kämpfen.

Bernd Z. sitzt im Personalrat. Als ausgebildeter Betriebswirt weiß er, dass die neuesten Datenverarbeitungstechniken die Arbeit der Kollegen erleichtern und die Stellung der Firma am Markt verbessern werden. Als Interessenvertreter der Kollegen befürchtet er aber auch, dass die neuen Techniken weitere Rationalisierungen und damit den Wegfall von Arbeitsplätzen zur

Folge haben. Zwischen diesen beiden Zielen – Gesamtinteresse der Firma und persönliche Interessen der Kollegen – ist er hin- und hergerissen.

Die Gruppenleiterin Karla T. dagegen leidet daran, dass an sie widersprüchliche Erwartungshaltungen gestellt werden: Ihr Vorgesetzter erwartet von ihr die überzeugende Weitergabe der Wünsche der Betriebsleitung nach kürzeren Bearbeitungszeiten. Ihre Mitarbeiter dagegen hoffen, dass sie sich bei der Betriebsleitung für die Einstellung einer neuen Sachbearbeiterin stark macht.

Schließlich ist Vorarbeiter Klaus K. wütend auf seinen Chef, weil dieser ihm die Überstundenzulage kurzerhand gekürzt hat.

Trotz der unterschiedlichen Alter, Charaktere, Motive und Situationen eint all diese Menschen das Gefühl, einen Konflikt zu haben. Konflikte sind offensichtlich so häufig, normal und harmlos wie Schnupfen und so menschlich wie Eifersucht. Konflikte treten schon allein deshalb immer wieder zwischen Menschen auf, weil unterschiedliche Wahrnehmungen zu dem, was richtig und sinnvoll ist, die Harmonie trüben können (Kellner 1999).

Warum wird dann zurzeit so viel über so etwas Selbstverständliches wie Konflikte und Konfliktmanagement geschrieben, gesprochen und gelehrt? Offenbar deshalb, weil es einen Markt für dieses Thema gibt. Und das kann nur daran liegen, dass es Schwierigkeiten – um nicht zu sagen: Konflikte – mit dem Umgang mit Konflikten gibt. Menschen fingen auch erst dann an, über natürliche Ressourcen wie Luft und Wasser nachzudenken, als diese in ihrer Qualität schlecht und in ihrer Verfügbarkeit knapp wurden – als sie also ein Problem damit hatten.

Auch Konflikte scheinen in ihrer Menge oder Qualität ein Limit erreicht zu haben, sodass ihr Managen zu einer außerordentlich schwierigen Angelegenheit geworden ist. Vor allem in Betrieben und Verwaltungen gibt es zurzeit einen Boom an Seminaren zu Konflikten im Umgang mit den Mitarbeitern, den Vorgesetzten oder Kunden.

Wir wollen im Folgenden drei Fragen klären:
- Was sind Konflikte eigentlich?
- Was heißt Konfliktmanagement, das heißt, wie verlaufen Konflikte und was kann man tun?

– Weshalb ist Konfliktmanagement vor allem eine Führungsaufgabe?

■ Konfliktdefinitionen in der Konfliktliteratur

Im Duden erfahren wir, dass das Wort *Konflikt* im 18. Jhrt. aus dem Lateinischen *conflictus* »Zusammenstoß, Kampf« entlehnt wurde (Duden 1963) und sowohl
– bewaffnete, militärische Auseinandersetzung zwischen Staaten,
– als auch Streit, Zerwürfnis oder
  auch Widerstreit der Motive, Zwiespalt bezeichnete (Duden 1974).

Ähnliche Antworten oder Assoziationen erhalten wir auch in unseren Seminaren auf die Startfrage »Was bedeutet für Sie das Wort ›Konflikt‹, worin besteht das Besondere einer Situation, die Sie als konfliktreich bezeichnen?« In der Regel werden zunächst der »Streit« oder die »Auseinandersetzung« oder das »Aufeinandertreffen unterschiedlicher/gegensätzlicher Interessenlagen/Zielvorstellungen und deren Unvereinbarkeit« genannt. In diese Richtung zielen wohl auch Definitionen wie die von Berlow, der einen Konflikt als gegeben ansieht, »wenn man untereinander eine Uneinigkeit hat« oder auch die von Lutz von Rosenstiel, wonach ein Konflikt durch »unvereinbare Handlungstendenzen« geprägt sei (vgl. Glasl 1997, S. 12f.).

Nun kennt aber jeder sofort Beispiele dafür, dass ein Streit oder eine Uneinigkeit/Unvereinbarkeit nicht immer als Konflikt erfahren wird. Wenn zwei Schalker Fußballfans über die Leistung ihres Trainers oder Torwarts diskutieren, dann führen sie zwar ein Streitgespräch, haben aber nur in den seltensten Fällen einen Konflikt miteinander. Umgekehrt kann man zwischen Liebespaaren immer wieder den Fall beobachten, dass sie – ohne sich (verbal sichtbar) zu streiten – einen Konflikt miteinander haben. Denn die Art, wie sie sich anschweigen, spricht oft Bände.

Wohl nicht zufällig nennen unsere Teilnehmer darum im einleitenden Brainstorming zum Konfliktbegriff über den »Streit«

hinaus auch Worte wie »Aggression«, »angespannte Situation«, »unangenehmes Gefühl« und »Unsicherheit«.

Diesen Aspekt des Konflikts finden wir vor allem in der Definition, die Rüttinger vorlegt. Nach ihm sind Konflikte »*Spannungs*situationen, in denen zwei oder mehrere Parteien, die voneinander abhängig sind, mit Nachdruck versuchen, scheinbare oder tatsächlich unvereinbare Handlungspläne zu verwirklichen und sich dabei ihrer *Gegnerschaft bewusst* sind« (Glasl 1997, S. 14).

Echte Konfliktsituationen sind also von zwei Aspekten geprägt:
– einerseits haben wir es immer mit Handlungen zwischen Menschen zu tun, die in einem sozialen (Abhängigkeits-)Verhältnis zueinander stehen;
– andererseits werden sie subjektiv als Spannungssituationen oder Situation der »Gegnerschaft« erlebt.

In diesem Sinne übernimmt auch Glasl die Definition von Rüttinger und formuliert sie wie folgt um: Der »*Soziale* Konflikt ist eine Interaktion
– zwischen Aktoren (Individuen, Gruppen, Organisationen usw.)
– wobei wenigstens ein Aktor
– Unvereinbarkeiten
 im Denken/Vorstellen/Wahrnehmen
 und/oder Fühlen
 und/oder Wollen
– mit dem anderen Aktor (anderen Aktoren) in der Art erlebt,
– dass im Realisieren eine Beeinträchtigung,
– durch einen anderen Aktor (die anderen Aktoren) erfolge«
(Glasl 1997, S. 14f.).

Zwar versteht sich diese Definition als eine des *sozialen* Konflikts, deutlich wird aber, dass sie den Kein dessen, was einen Konflikt darstellt, *eben nicht* in dem ausmacht, was sich sozial zwischen den »Aktoren« abspielt, sondern darin, was »in« ihnen vor sich geht: Konflikte sind demnach davon geprägt, dass zumindest ein Mensch Unvereinbarkeiten als »eine Beeinträchtigung« erfährt.

Allerdings lässt diese Definition zumindest zwei Fragen offen:

1. die Frage: Was macht den »Kern« der »Beeinträchtigung« aus, die für das Vorliegen eines Konflikts typisch ist?
2. die Frage, ob es auch andere als »soziale« Konflikte gibt – sind nicht auch die so genannten inneren Konflikte sozial bedingt, und ist nicht gerade umgekehrt auch jeder soziale Konflikt im Kern ein innerer Konflikt?

Hedwig Kellner schließlich betont – ähnlich wie Fritz Riemann in seinen »Grundformen der Angst« (Riemann 2003) –, der Kern von Konflikten liege darin, dass wir es in und um uns immer mit vier sich widersprechenden und beißenden Grundstrebungen zu tun haben:
- dem Streben nach Neuem oder nach Abwechslung einerseits und dem nach Gewohntem und Bewährtem andererseits sowie
- dem Streben nach Abgrenzung und Autonomie oder Selbstständigkeit auf der einen Seite und dem Streben nach Geselligkeit und Harmonie oder Hingabe auf der anderen (Kellner 1999, S. 8).

■ Versuch einer integrativen Konfliktdefinition

Das Gefühl der Bedrohung als Kern des Konflikts

»Im Erdgeschoss des schmutzigweißen Sechziger-Jahre-Wohnblocks befand sich ein Gemüseladen, dessen Besitzer nebenbei auch der Hausmeister war. Vor ein paar Jahren hatte er mal für die Republikaner kandidiert und eine Weile alles drangesetzt, mich aus der Wohnung zu vertreiben. Damals musste ich nur morgens um vier die Toilettenspülung ziehen, um von ihm wegen Ruhestörung angezeigt zu werden. Doch dann kam die Wiedervereinigung, und nach einem knapp zweimonatigen Freudentaumel, der in erster Linie daraus bestand, jeden zweiten Abend besoffen die Nationalhymne zu grölen und mich mit Anzeigen einzudecken wie noch nie, verschoben sich plötzlich seine Feindbilder. Auf einmal gab es *die Ostler*. Die sah der Gemüsehändler zwar nie woanders als im Fernsehen, trotzdem, begann er sie, aus welchen Gründen auch immer, eifrig zu hassen. Unvergessen der Morgen, an dem er aus seinem Laden auf mich zugeschossen kam, einen halbverfaulten Apfel in der Hand, und rief: ›Sehen Sie sich das an! Gerade eingetroffen! Ostware! Bah! Und die fressen sich mit meinen Solidaritätsabgaben dick und fett!... Da werden noch einige Überraschungen auf uns zukommen! Das schwöre ich Ihnen! Noch einige!« (Ajouni 2001, S. 49f.)

Das Zitat aus Jakob Ajounis Großstadtkrimi »Kismet« wirft ein Schlaglicht auf ein besonderes Merkmal von Konflikten: Man braucht Feindbilder von anderen Menschen, und zwar völlig unabhängig davon, ob man diese Menschen wirklich zu Feinden hat und wer sie sind und wo diese Menschen sich gerade befinden. »Feindbild« meint dabei, dass man sich von diesen Menschen in irgendeiner Art bedroht fühlt.

Der Kern von Konflikten bezeichnet demnach ein Gefühl der Bedrohung: Menschen haben immer dann Konflikte, wenn sie sich durch andere Menschen oder Einrichtungen und Produkte menschlichen Handelns bedroht fühlen. Nun kann man sich auch durch einen Hai, Wirbelsturm oder Virus bedroht fühlen. Diese bedrohen unsere physische Existenz oder Gesundheit. Das ist aber offenbar nicht das, was Ajounis Gemüsehändler umtreibt und seine Feindbilder gegen die »Ostler« erzeugt.

Beim Konflikt empfinden wir weniger einen körperlichen, als vielmehr einen seelischen Schmerz, den uns nur Menschen oder die von ihnen geschaffenen Produkte (im Romanzitat die »Ostware«) zufügen können. Der Kern von Konflikten bezeichnet also ein Gefühl der psychischen Bedrohung. Anders formuliert: Menschen wie Ajounis Gemüsehändler haben immer dann Konflikte, wenn sie sich durch andere Menschen oder Einrichtungen und Produkte menschlichen Handelns in ihrem *inneren Gleichgewicht* (gleich *Identität*) bedroht fühlen.

Auch wenn radikale Krisen nicht die Regel sind, entwickelt sich die Identität eines Menschen über seine dauernden sozialen Kontakte lebenslang, ohne allerdings eine völlig andere werden zu dürfen, denn das wäre das Ende der »Identität« der Person. So entsteht das Gefühl, *die gleiche, wenn auch nicht dieselbe Person zu bleiben.*

»Dem Menschen wird im allgemeinen ein Bedürfnis unterstellt, in seiner Biographie einen ›roten Faden‹ erkennen zu können, retrospektiv die eigene Identität als kontinuierliche und plausible Entwicklung rekonstruieren und interpretieren zu können. Ebenso wird das Bedürfnis unterstellt, Mit-Menschen eine plausible und verlässliche Identität präsentieren zu wollen und zu können« (Baitsch 1993, S. 55f.).

Konkret erlebt wird dieses Gefühl von Identität zumeist als »psychosoziales Wohlbefinden« (Erikson 1966, S. 147) oder Selbstachtung: Man fühlt sich sicher, »seinen Platz gefunden zu haben« (Erikson 1966, S. 123). Zumindest beim modernen Menschen, der verstärkt nach Autonomie und Erlebniserfahrung drängt, setzt dies zudem die Erfahrung voraus, auf das Finden und Ausformulieren dieses Platzes auch Einfluss nehmen zu können: Das gilt beispielsweise für den Arbeits-Platz, wo die Möglichkeit der subjektiven Einflussnahme eine entscheidende Voraussetzung für Arbeitsmotivation und Aufgabenorientierung darstellt (Baitsch 1993, S. 57f.).

Für das hier zu klärende Konfliktphänomen bleibt festzuhalten, dass man diesen Platz in der Welt aber nie wirklich endgültig »gefunden« hat – so wie man eine verloren gegangene Geldbörse (wieder-)findet. Das ersehnte innere »Wohlbefinden« entsteht nämlich nur *in und durch* diese Bewegung des Suchens, Erstrebens und Entwickelns eines inneren Gleichgewichts. Von hier aus ist die menschliche Identität eine durch und durch paradoxe und konfliktreiche Angelegenheit: Wir müssen uns lebenslang verändern, um uns ein Leben lang gleich(bleibend) erleben zu können.

Darüber hinaus ist dem Konfliktgefühl immer eine je subjektive Rollenzuschreibung eigen: Man fühlt sich immer verletzt oder als *Opfer* anderer Menschen, die demgemäß für einen die Rolle des *Täters* spielen.

Der Kern des Konflikts beschreibt darum ein Gefühl der Bedrohung, bei dem andere Menschen oder menschliche Mächte zu Tätern erklärt werden, die das seelische Gleichgewicht in Gestalt der Ehre, höchster Werte und Ideale oder des eigenen Gewissens bedrohen, verachten oder verunglimpfen – und zwar *relativ unabhängig* davon, ob diese anderen Menschen einen auch *tatsächlich* bedrohen *wollen* oder *können*.

Aus dieser Konfliktdefinition folgen vier bemerkenswerte Konsequenzen:
1. Es reicht für das Vorliegen eines Konflikts aus, dass sich zumindest eine Person als Opfer anderer Personen fühlt – und zwar unabhängig davon, ob diese Personen sich selbst als Täter empfinden. Ein Kind, das sich von seinen Eltern benachteiligt, oder ein Mitarbeiter, der sich von seinem Vorgesetzten ungerecht behandelt fühlt, hat einen Konflikt – unabhängig davon, ob Eltern oder Vorgesetzter tatsächlich benachteiligen oder ungerecht sein wollen.
2. Es reicht umgekehrt für das Vorliegen eines Konflikts *nicht* aus, dass Menschen andere Menschen nur ungerecht behandeln oder benachteiligen *wollen*. Wenn die als Opfer auserkorenen Menschen die Qual *nicht* als Qual, sondern als normal oder – bei masochistischer Disposition – als Genuss empfinden, fühlen sie sich nicht als Opfer und haben folglich keinen Konflikt damit. Von hier aus wird verständlich, dass sich manche *objektiv* unterdrückte Mitarbeiter, Ehepartner oder Kinder subjektiv recht wohl in ihrer Lage fühlen und sie über Jahre und Jahrzehnte aushalten können. Das kann so weit gehen, dass sie sich erst dann in ihrer Identität bedroht fühlen, wenn der Unterdrücker wegfällt. Nicht wenige von ihnen lassen ihn dann in ihrer Fantasie wieder auferstehen – wie Norman Bates in Hitchcocks »Psycho« seine längst verstorbene Mutter am Leben hielt.
3. Die Schuldfrage ist für das Vorliegen eines Konflikts in der Regel irrelevant. Denn auch so genannte Täter fühlen sich schnell und mit Recht als Opfer. Ein Mitarbeiter, der sich benachteiligt fühlt, lässt das in der Regel seinen Vorgesetzten auch spüren: Er »rächt« sich an ihm, indem er ihm Informationen vorenthält, Arbeiten langsamer erledigt oder Vereinbarungen nicht nachkommt. In solchen Fällen hat dann nicht selten der Vorgesetzte einen Konflikt mit dem Mitarbeiter und behandelt ihn umgekehrt strenger und weniger kooperativ. Das wieder nimmt der Mitarbeiter selektiv wahr und fühlt sich in seiner Opferrolle bestätigt. In nicht wenigen Fällen sind es also die Opfer selbst, die sich ihre Täter – zumindest zum Teil

– selbst erziehen. Paul Watzlawick sprach hier von »Diskrepanzen auf dem Gebiet der Interpunktion« als Wurzel vieler Beziehungskonflikte. Was zunächst sehr akademisch klingt, ist in Wahrheit ein alltägliches, »oft zu beobachtendes Eheproblem«. Es »besteht z. B. darin, daß der Mann eine im wesentlichen passiv-zurückgezogene Haltung an den Tag legt, während seine Frau zu übertriebenem Nörgeln neigt. Im gemeinsamen Interview beschreibt der Mann seine Haltung typischerweise als einzig mögliche *Verteidigung gegen* ihr Nörgeln, während dies für sie eine krasse und absichtliche Entstellung dessen ist, was in ihrer Ehe ›wirklich‹ vorgeht; dass nämlich der einzige *Grund* für ihre Kritik sein Absondern von ihr ist. Im wesentlichen erweisen sich ihre Streitereien als monotones Hin und Her der gegenseitigen Vorwürfe und Selbstverteidigungen: ›Ich meide dich, weil du nörgelst‹ und ›Ich nörgle, weil du mich meidest‹« (Watzlawick 1990, S. 58).
4. Für das Vorliegen eines Konflikts ist *nicht das objektive* Abhängigkeitsverhältnis zwischen Menschen entscheidend, sondern die Art, wie es von einer Person *subjektiv empfunden* wird. Ein Mensch kann sich zum Beispiel durch freizügige oder pornografische Bilder am Zeitungskiosk moralisch bedroht fühlen, *ohne* dass er von dem Verleger der Bilder oder von dem Besitzer des Kiosks wirklich abhängig ist.

Konflikte sind immer sozial, da sie stets über Kommunikation erzeugt werden

Echte innere Konflikte gibt es gar nicht. Konflikte entzünden sich immer an Handlungen anderer Menschen, also an dem, was außerhalb unseres Kopfs und unseres Herzens in der Interaktion und Kooperation mit anderen Menschen vor sich geht.

Allerdings sind es eigentlich nicht diese Handlungen selbst, die den Konflikt auslösen, sondern die Wahrnehmung, das heißt die *subjektive Verarbeitung der mit Sinn besetzten Zeichen* solcher Handlungen: Ich nehme eine Geste wahr, höre ein Wort oder sehe ein Mienenspiel, und die Botschaft, die ich in diese Wahrnehmung hineininterpretiere, erzeugt in mir die konflikthafte Verletzung.

Wenn wir nun diesen Prozess der Sinnvermittlung und -interpretation über Zeichen oder Symbole als Kommunikation verstehen, dann sind Konflikte *immer über verbale oder nonverbale Kommunikation vermittelt*. Selbst wenn sich ein Sozialhilfeempfänger durch die Verweigerung einer Beihilfe in einem »existenziellen« Konfliktgefühl befindet, dann ist dieser Zustand durch irgendeine Kommunikation ausgelöst worden, etwa durch den Ablehnungsbescheid, den das Sozialamt dem Antragsteller zugeschickt hat.

Um es nochmals zu betonen: Nicht der Konflikt als solcher und auch nicht seine tiefere Ursache sind immer kommunikativ, sondern seine Auslösung oder aktuelle Erzeugung.

Das gilt auch für Konflikte, die oft als innere oder Gewissenskonflikte beschrieben werden. Denn zum einen ist das Gewissen eine innere moralische Instanz, die *soziale* Normen repräsentiert. Sie wurde im Lauf unserer Erziehung durch Kommunikation gebildet, indem wir Normen, Werte und Ideale durch Worte, Gesten und sonstige Zeichen von unseren Eltern, Lehrern und Vorbildern wahrgenommen und zu einem Maßstab verinnerlicht haben. Dieser Maßstab bildet dann die Grundlage unserer Urteile über gut und richtig, schön oder hässlich, erfolgreich oder nicht erfolgreich (Kanning 1999; Piaget 1985). Zum anderen werden auch so genannte innere Konflikte stets durch irgendwelche äußeren Signale oder Kommunikationen veranlasst. Sie entstehen nämlich nicht aus sich selbst, sondern werden durch Handlungen, Worte oder Erwartungen anderer Personen oder Institutionen angeregt.

Die Leiterin einer Kindertagesstätte etwa gerät in einen inneren Konflikt mit ihren Rollen als Mutter, Ehefrau und Leitungskraft, weil ihr Vorgesetzter neue, zeitintensive Konferenztermine von ihr verlangt. Diese ihr gegenüber schriftlich oder mündlich geäußerte Erwartungshaltung ist der Anlass dafür, dass sie einen inneren Konflikt hat zwischen den Anforderungen der verschiedenen Bezugsgruppen an sie und ihren eigenen Idealvorstellungen von dem, was eine Mutter, Ehefrau und Leitungskraft alles leisten sollte.

Der Hauptunterschied zwischen den so genannten äußeren, sozialen und den inneren, psychischen Konflikten ist der, dass die Ersteren es erlauben, die Täterrolle anderen Personen oder Institutionen zuzuweisen. Die Letzteren dagegen gewähren einem diese Entlastung nicht. Hier ist man stets selbst Täter *und* Opfer in einem, denn
- zum einen ist man ja mit den eigenen, teilweise überzogenen Idealen oder Erwartungen selbst verantwortlich dafür, dass man den Gewissens-Konflikt hat,
- zum anderen wird man heute mit dem Ideal des selbstständig handelnden Individuums versehen, das *selbst* dafür verantwortlich ist, wie es solche inneren Konflikte löst.

Rollenkonflikte oder Konflikte, die man mit sich selbst hat

Eine besondere, vielleicht die heute wichtigste Form des inneren Konflikts ist der Rollenkonflikt. Rollen sind – soziologisch gefasst – Erwartungen, die an den Inhaber einer sozialen Position gestellt werden (Griese et al. 1977, S. 9ff.).

Etymologisch gesehen waren Rollen zunächst nichts anderes als aufgerollte Papierbögen, auf denen der Text zu einem Theaterstück stand. Im Lauf der Zeit wurde dann dieser Text und das mit ihm verbundene Verhalten des Schauspielers auf der Bühne als Rolle verstanden, sodass man nun eine »Rolle lernen« konnte.

Historisch stammt die Rollenmetapher also aus der Theaterwelt, sodass ihre Übertragung auf den Alltag zugleich bedeutete, dass nun auch die Welt außerhalb des Theaters wie ein Theater betrachtet wurde. Möglicherweise war dies erstmals in den Stücken von William Shakespeare der Fall: »›Die Welt‹ ist eine Bühne, auf der der Einzelne auftritt und von der er wieder abtritt« heißt es bei ihm. »Aber er hat nicht nur einen einzigen Auftritt, er erscheint mehrfach und in immer verschiedenen Masken. . . . Erst wenn er stirbt, tritt er zum letzten Male ab; doch neue, andere Menschen bevölkern dann die Bühne und spielen ›seine‹ Rollen« (Haug 1972, S. 18).

Das Zitat macht deutlich, dass die reale Lebenswelt offenbar von dem Zeitpunkt an als Bühne galt und die Menschen selbst sich als Rollenspieler fühlten, als jeder einzelne andauernd mehrere Rollen spielen musste und nicht mehr in toto auf ganz bestimmte Verhaltensweisen beschränkt war. Nun musste sicherlich schon der Müller des Mittelalters widersprüchliche Erwartungen erfüllen – beispielsweise die der ihn beliefernden Bauern nach einem guten Preis, seiner Abnehmer nach gutem und preiswertem Mehl und seinem adeligen Lehnherren nach kräftig sprudelnden Abgaben – gleichwohl sprach noch niemand von einer Rolle, die er spielte: Von ihm erwarteten vielmehr alle, mit Leib und Seele und zwar immerzu Müller zu sein. Er spielte nicht die Berufs-Rolle des Müllers, um privat in die Rolle des Vaters und Ehemanns zu schlüpfen. Er, das heißt seine ganze Person, *war* 24 Stunden am Tag Müller – und zwar lebenslang. Es war deshalb nur konsequent, dass er auch Müller hieß.

Irgendwann im Übergang vom Mittelalter zur Neuzeit war das dann plötzlich anders: Herr Müller war nicht mehr identisch mit *dem* Müller, denn sein Leben wurde nicht mehr von einer einzigen, klar umrissenen Berufsrolle bestimmt. Damit traten zwei konfliktreiche Phänomene auf:

Zum einen musste er mit den unterschiedlichen Rollen auch verschiedenen Erwartungen gerecht werden, die anders als in der Rolle des Müllers nicht aufeinander abgestimmt waren. Damit war plötzlich die Gefahr vorhanden, *widersprüchlichen* und zum Teil sogar einander ausschließenden Erwartungen gerecht werden zu müssen.

Zum anderen entwickelte sich in seinem Kopf und Herzen eine innerliche Distanz zur Berufsrolle, die der nicht unähnlich war, die der Schauspieler bei seiner Rolle erlebte. Allerdings ist die Rolle, die Herr Müller in Beruf und Familie spielt, keine Maske, die er einfach ablegen und vertauschen kann. Insofern ist die Rollenmetapher missverständlich. Vielmehr sind uns die meisten Rollen in unserem Leben »ins Fleisch gewachsen« und »zur Charaktermaske (Marx) geworden« (Neuberger 1995, S. 85).

Mit der Rollenmetapher traten also auch Rollenkonflikt und

Rollendistanz auf: Es würde die Rollenmetapher nicht geben, wenn es den Rollenkonflikt und die innerliche Distanz zu sich und seinem Leben nicht geben würde.

Aus rollentheoretischer Perspektive sind nun näher die folgenden Konfliktbündel denkbar:
- Intrarollenkonflikte: An den Inhaber einer sozialen Position werden von den unterschiedlichen Bezugsgruppen widersprüchliche Erwartungen gehegt (Haug 1972, S. 88). Die Eltern erwarten von Heike S., dass ihre Kinder optimal auf die Schule vorbereitet werden, ihre Mitarbeiterinnen, dass sie ihnen viel Freiheit in der pädagogischen Arbeit lässt, die Vorgesetzten, dass sie die gleiche Leistung mit 20 Prozent weniger finanziellen Mitteln erbringt und sich zudem die Arbeit ihrer Einrichtung an genormten Qualitätsaudits messen und bewerten lässt. Die Kinder dagegen erwarten von ihr viel Zuwendung und jede Menge Spaß im Kindergarten.
- Interrollenkonflikte: Hiermit sind Konflikte gemeint, die ein und dieselbe Person auszutragen hat, um die verschiedenen Rollen auszufüllen, die sie im Lauf eines Tages zu erfüllen hat. So gibt es für Heike S. als allein erziehender Mutter einen zeitlichen Konflikt zwischen ihrer Rolle als Mutter und der als Leiterin ihrer Einrichtung. Immer öfter hat sie das Gefühl, zu wenig Zeit und Zuwendung für ihre kleine Tochter aufzubringen. Oder der Abteilungsleiter Jürgen K. will sowohl Selbstverantwortung und Initiative seiner Mitarbeiter fördern als auch zugleich sein erster und bester Sachbearbeiter sein, der alles selbst macht, einsam entscheidet und weiterhin ein Höchstmaß an Kontrolle besitzt.

(Eine davon abweichende Typologie der Rollenkonflikte findet sich bei Kellner 1999b, S. 14f. Diese und ähnliche Typologien erscheinen uns aber wenig sinnvoll, da sie nur übliche Konfliktformen, etwa Verteilungskonflikte, als Rollenkonflikte beschreiben.)

Darüber hinaus gibt es auch noch Rollenkonflikte, die sich aus Widersprüchen zwischen den verschiedenen Konfliktebenen ergeben:

1. wenn die eigenen Erwartungen an die Berufsrolle andere sind als die der Vorgesetzten, Mitarbeiter und Kunden – so etwa, wenn ich selbst den offenen und partizipativen Führungsstil präferiere, meine Mitarbeiter aber nur klare Vorgaben und Anweisungen haben wollen;
2. wenn die eigenen Vorstellungen über das zeitliche Arrangement sowohl zwischen Berufs- und Freizeitrollen als auch das der Freizeitrollen untereinander andere sind, als von relevanten Bezugsgruppen verlangt wird – etwa weil ich meine Vorgesetztenposition als Halbtagsstelle angehen will, um mehr Zeit für meine Familie zu haben, dies aber vom Arbeitgeber nicht genehmigt wird.

Zu 1.: Eine Liste der praktischen Dilemmata, zu denen die zuerst genannten Rollenkonflikte führen können, hat Neuberger (1995, S. 96) anhand von Äußerungen aus einem Führungsseminar der chemischen Industrie zusammengestellt. Eine Führungskraft muss demnach

- eine Linie erkennen lassen, aber so flexibel sein, sie jederzeit wieder verlassen zu können;
- mit System arbeiten, aber nicht mit Systemen kommen;
- Kommunikationsfreak sein, aber keiner, der zu viel redet, dem man sich nicht anvertrauen kann;
- sich aktiv anbieten, ohne sich aufzudrängen oder gar anzubiedern;
- Fingerspitzengefühl, Sensibilität, Takt gegenüber den Auftraggebern oder dem Klientel entwickeln, aber Hornhaut oder Elefantenhaut haben, wenn das Gegenüber es an Sensibilität fehlen lässt;
- ein gutes Gedächtnis haben, aber schnell vergessen können;
- Anpassungsfähig sein, aber nicht angepasst;
- den eigenen Erfolg darin suchen, dass man anderen zum Erfolg verhilft;
- selber machen, ohne den Eindruck zu erwecken, der Macher zu sein;
- Dinge »durchboxen«, aber mit »Liebe«;
- kompromissbereit sein, aber sich nicht überfahren lassen;

- Widerstand leisten, aber erkennen, wo man ihn aufgeben muss;
- Unangenehmes durchdrücken, aber niemanden vergraulen;
- informiert sein, aber nicht den Anspruch erheben, in wichtige Informationskanäle einbezogen zu werden;
- rechtzeitig den Mund aufmachen, aber ihn im richtigen Augenblick auch halten;
- nicht detailverhaftet sein, aber Arbeit leisten, die auch im Detail möglichst fehlerfrei ist;
- die Qualität der Zürcher Zeitung »draufhaben«, aber sie möglichst mit Bildzeitungs-Balkenüberschriften an den Mann bringen;
- Erkenntnisse, die man sich in Stunden, Tagen, Monaten erarbeitet hat, in Minuten oder Sekunden anderen vermitteln können.

Die Liste, die hier nur auszugsweise wiedergegeben wurde, erscheint auch in den paradoxen Anforderungen diverser Stellenanzeigen. »So sucht man beispielsweise flexible Leute mit Rückgrat« (Bußkamp 1998, S. 92).

Werner Bußkamp vermutet, dass es diese widersprüchlichen Anforderungen sind, denen kaum einer gerecht werden kann, »die dazu beitragen, daß Manager unter ihrer Arbeit so sehr leiden, daß sie am Ende nur noch als emotionale Krüppel überleben können. Hinter der Macher-Fassade verbergen viele Manager eine emotionale Trümmerlandschaft. Die Fassade kann oftmals nur notdürftig, mit Drogen wie Alkohol und Tabletten, aufrechterhalten werden« (Bußkamp 1998, S. 94). Damit hängt wahrscheinlich auch eine oft verzerrte Wirklichkeitswahrnehmung zusammen: Untersuchungen zeigen, dass Führungskräfte ihr Können weitaus höher einschätzen als ihre Mitarbeiter. »Sie neigen zu Selbstüberschätzung und Selbstüberhöhung« (Bußkamp 1998, S. 94).

Zu 2.: Was die Konflikte zwischen Arbeits- und Freizeit anbelangt, besagen Umfragen, dass die meisten Vorgesetzten sie zugunsten der beruflichen Anforderungen und Erwartungen »gelöst« haben: Anders als im übrigen Teil der arbeitenden Bevölkerung betrachtet demnach die große Mehrheit der Führungskräfte ein überdurchschnittliches berufliches Engagement als persönliche Verpflichtung. Ganz im Sinne des traditionellen protestantischen Arbeitsethos ist der Beruf für sie so wichtig, dass sie nach eigenem Bekunden viel für ihn opfern (Bonn 1985, S. 49).

Allerdings ist diese Arbeitsmotivation weitgehend intrinsisch, das heißt, sie speist sich aus der Art und den Umständen der Tätigkeit selbst, ohne der permanenten äußeren Verstärkung (etwa durch materielle Anreize) zu bedürfen. Bei leitenden Angestellten liegt hier der Schwerpunkt des Interesses auf arbeitsinhaltlichen Aspekten (interessante Aufgaben), bei den Unternehmern vor allen im Bereich der Selbstständigkeit und Unabhängigkeit sowie im Durchsetzen eigener Ideen (Bonn 1985, S. 49). Diese Motive decken sich mit einem wesentlichen Zug des sozialen Wertewandels: dem Streben nach Selbstverwirklichung, Erlebnissen und Bewährung sowie nach Kreativität und Selbstständigkeit. Anders formuliert: Das, was die meisten Arbeitnehmer in der Freizeit suchen – nämlich die Herausforderung intensiver Erlebnisse und Selbstverwirklichung – suchen Führungskräfte im Arbeitsleben (Bonn 1985, S. 49f.).

All das ist solange kein Problem, solange man diesen Verzicht auf Freizeit nicht als Konflikt erfährt und man sich im Führungsalltag tatsächlich selbst verwirklichen und intensive Erfolgserlebnisse haben kann. Offenbar gelingt beides aber immer weniger Vorgesetzten.

Was das zunehmende Konfliktgefühl beim Verzicht auf Freizeit anbelangt, muss erwähnt werden, dass die eben zitierte Untersuchung mit ihrem Votum für die Arbeitswelt schon 18 Jahre alt ist. Inzwischen sind aber viele der damals älteren Vorgesetzten aus dem Berufsleben ausgeschieden. Ihre Positionen wurden zu einem großen Teil von den damals Jüngeren besetzt, für die Arbeits- und Freizeit zumindest in einem ausgewogenen Verhältnis stehen sollen.

Dieser Generations- und Wertewechsel in der Freizeitorientierung von Vorgesetzten konfligiert allerdings mit dem noch immer vorhandenen Erwartungsdruck an sie als Vorgesetzte, voll und ganz im Führungsalltag aufzugehen.

Hinzu kommt, dass die damals noch übliche Rollenteilung – der Mann in der Führungsposition, die Frau als Hüterin des Heims – heute so nicht mehr gilt. Zwar sind Frauen in leitenden Positionen noch immer in der Minderheit. Aber sie tendieren viel häufiger als früher dazu, die eigene Berufskarriere trotz der Anforderungen der privaten Rollen (Mutter, Ehefrau) weiter zu verfolgen. Viel häufiger als früher müssen sich deshalb heute männliche Führungskräfte verstärkt um familiäre Aufgaben kümmern. Arbeitsteilung ist hier angesagt.

Besonders gravierend treten diese Konflikte dann in Erscheinung, wenn sie nicht mehr durch Erfolge im Berufsalltag kompensiert werden können. Solche Erfolge werden aber immer seltener, da der Wandel als Normalzustand die Sicherheit, eine richtige Entscheidung gefällt zu haben, zusehends in Frage stellt und umgekehrt die Konkurrenz um die richtige Entscheidung, einflussreiche Positionen und begrenzte Ressourcen stetig anwachsen lässt.

Soziale Unterschiede als Basis von Konflikten

»Erstes wirklich ernsthaftes Konfliktgespräch bei Klinger Druck. Van Rosen war nicht, wie eigentlich von mir erwartet, reumütig, sondern ging sofort zum Gegenangriff über. Wollte mich rhetorisch unterbügeln. Ich war vielleicht etwas zu scharf, als ich sagte, ich hätte von Anfang an gespürt, daß er sich gegen jede Veränderung stemmt. Prompt verbat er sich diese Unterstellung und sagte im Umkehrschluß, er hätte sofort gemerkt, daß ich ihn auf ›der Liste‹ gehabt hätte. Meine Vermutung: van Rosen hatte Ambitionen auf den Job des Verkaufsleiters und ist nun eifersüchtig auf mich. Irgendetwas an ihm macht mich aggressiv. Wenn er so dasitzt, sein unangenehmes Äußeres, die Hände in der Tasche geballt und die ganze Körpersprache auf Angriff, die kleinen listigen Augen blitzend auf mich gerichtet, dann habe ich das Gefühl, er will mir sagen: ›Du bist gerade ein paar Wochen da, hast mindestens zehn Jahre weniger Erfahrung als ich, Du hast keinen so guten Draht zum Chef wie ich, hast dir in diesem Betrieb noch keinerlei Anerkennung verdient, und DU willst mir sagen, was ich zu tun habe ...?'« (Nagel et al. 1999, S. 30).

Was steckt aber hinter solchen Konflikten, wo beide sich als Opfer des anderen fühlen und ihre eigenen aggressiven Aktionen als bloße Verteidigung auffassen? Wie das zitierte Beispiel zeigt, treten Konflikte, diese innerlich gefühlten Verletzungen unserer Identität, immer dann auf, wenn sich in Sozialverbänden Unterschiede zu *Gegensätzen* entwickelt haben oder wenn jene Unterschiede als Gegensätze empfunden werden.

Dass es in Familien Unterschiede zwischen den Generationen gibt und in Firmen und Verwaltungen Unterschiede zwischen Angestellten und Arbeitern, Beamten und Nichtbeamten, Vorgesetzten und Mitarbeitern, Einkäufern und Verkäufern zu finden sind oder Differenzen in den Einkünften und Zuständigkeiten existieren, ist normal und zunächst einmal überhaupt nicht konfliktreich. Dass sich aus diesen Unterschieden Konflikte entzünden, ist immer dann der Fall, wenn sie als *spannungsreich oder gegensätzlich* empfunden werden, weil man beispielsweise
- den Unterschied zwischen den Geschlechtern so empfindet, dass er die eigene Persönlichkeitsentfaltung einengt,
- den zwischen Arbeitern und Angestellten als ungerecht ansieht,
- den zwischen Vorgesetzten und Mitarbeitern als unnötig betrachtet,
- den zwischen Einkauf und Verkauf als kontraproduktiv,
- den zwischen den Einkünften als zu hoch oder
- den zwischen Vorgesetztenkollegen als bedrohlich empfindet wie in unserem Beispiel.

Konflikte zwischen Menschen sind in Sozialverbänden immer dort programmiert, wo diese Menschen die sozialen Unterschiede in der gegebenen Form als *nicht mehr funktional* erleben, um damit ihre je *eigenen* Wünsche, Erwartungen, Interessen und Ziele adäquat zu realisieren. Konflikte könnten von hier aus auch als Frühwarnsystem für die Notwendigkeit von Korrekturen, Reparaturen oder Reformen sozialer Strukturen betrachtet werden.

Und wohl nicht zufällig erzählt Gerhard Nagel Erlebnisse »aus dem Leben eines Change-Managers«.

Mit der Häufung von Konflikten ist deshalb überall dort zu rechnen, wo technische, ökonomische oder strukturelle Veränderungen *gegebene* soziale Beziehungen tangieren, die ihren Mitgliedern ein hohes Maß an subjektiver Sicherheit vermittelten, weil etwa
- Arbeitsroutinen durch die Entwicklung der Technik aufgehoben oder in Frage gestellt werden und stattdessen der Erwerb neuer Fähigkeiten und Fertigkeiten verlangt wird,
- Ziel und Sinn der Arbeit plötzlich unklar(er) sind,
- Gruppen oder Teams neu zusammengesetzt werden und dadurch persönliche Beziehungen aufgehoben oder gestört werden,
- vorhandene Werte als überfällig und gefährdet erscheinen,
- existenzielle Interessen gefährdet sind oder
- bestehende Machtstrukturen aufbrechen und schwächer werden (das Problem von van Rosen).

Aus dieser Einsicht folgt zumindest zweierlei:
- Zum einen, dass es wenig Sinn macht, Konflikte in ihrer Anzahl kataloghaft begrenzen zu wollen. Es gibt nicht nur Verteilungskonflikte (um Budget, Ausstattung, Zeit, Personal), Zielkonflikte (zwei Personen verfolgen widersprüchliche Ziele; mit einer Sache oder einem Vorhaben sollen widersprüchliche Ziele erreicht werden), Rollenkonflikte (eine Person muss mit gegensätzlichen Erwartungen an ihre Arbeit fertig werden) oder Wahrnehmungs- und Beziehungskonflikte, sondern darüber hinaus auch Wissens-, Geschlechts-, Alters-, Mittel- oder Werte-Konflikte – um nur einige zu nennen. Es gibt so viel Konflikte wie es zwischen Menschen, die in irgendeiner Art organisiert miteinander umgehen (müssen), Unterschiede gibt. Und die Anzahl dieser Differenzen ist schier unbegrenzt.
- Zum anderen, dass Konflikte als solche nichts Unnatürliches oder per se Negatives sind. Vielmehr sind Konflikte für Organisationen etwas ähnlich Wichtiges wie Krankheitssymptome

(etwa Fieber, Durchfall, Nasenschleim, Husten) (Altmann et al. 1999, S. 133) für den Körper: Nicht bloß Symptome, die behandelt werden müssen, sondern schon Teil spezieller Abwehrmaßnahmen bei Problemen.

Nicht der Konflikt als solcher ist also das eigentliche Problem, sondern
– die hinter ihm stehende Verunsicherung in einer Firma, Verwaltung oder Familie sowie
– die Art und Weise, wie mit dem Konfliktphänomen umgegangen wird. Denn ähnlich wie wir auch nicht bei jedem Husten oder Fieberausschlag zum Arzt gehen und Antibiotika schlucken sollten, ist es ratsam, auch ein gewisses Maß an Konflikten als »normal« zu akzeptieren. Allerdings sollte man den Verlauf des Konflikts ebenso beobachten. Er darf nicht eskalieren.

■ Was heißt Konfliktmanagement – Wie verlaufen Konflikte und was sollte man tun?

■ Die Konflikte mit dem Konfliktmanagement – Die Rolle des »helfenden Dritten«

Hat sich ein Konflikt zu einem Dauerzustand verfestigt, beginnt die Suche nach *helfenden Bündnispartnern*. Die Rolle des »großen Bruders«, den streitende Kinder gern zu Hilfe holen, spielt in der betrieblichen Praxis oft der Vorgesetzte, ein anderer Kollege, eine Clearingstelle (etwa der Betriebsrat) oder zumindest eine private Person, die einem zuhört und verständnisvoll zustimmt. Allerdings wird ein abgelehntes Hilfegesuch oder ein Zuhören, das dem Hilfesuchenden nicht als zustimmendes Verstehen erscheint, selbst schnell als feindlicher Akt interpretiert. Der potenzielle Bündnispartner mutiert derart im Täterhorizont des Opfers zum neuen Feind und nicht selten auch zum neuen Freund des alten Feinds. Auf jeden Fall ist so ein neues Konfliktfeld entstanden, das sich auch gegen die helfenden Berater wenden kann: »Hätten wir diese Führungsseminare nicht gemacht,... hätten wir auch weniger Konflikte... Die reden sich und uns doch alles bloß ein« (Vogel et al. 1997, S. 203), lauten dann schnell die Urteile.

Ein Grund hierfür kann darin liegen, dass unterschiedliche Vorstellungen zwischen Hilfesuchendem und Helfer über die Art der Hilfe existieren. Deborah Tannen beschreibt hier zum Teil gravierende geschlechtsspezifische Unterschiede: »Frauen nehmen es übel, wenn Männer für jedes Problem eine Lösung parat haben, und Männer werfen den Frauen vor, daß sie sich weigern, die Probleme aus der Welt zu schaffen, über die sie sich beklagen. Weil viele Männer sich als Problemlöser sehen, empfinden sie es als Herausforderung ihrer intellektuellen Fähigkeiten, wenn jemand Sorgen oder Kummer hat.« Sie wollen – wie bei einer Autopanne – auch emotionale Probleme reparieren: »Das erklärt, warum Männer so frustriert sind, wenn ihre ehrlichen Versuche, einer Frau bei der Lösung eines Problems zu helfen, nicht auf Dankbarkeit, sondern auf Ablehnung stoßen. Ein Mann berichtete, daß er sich jedes Haar einzeln ausraufen könnte, weil seine Freundin ihm dauernd von Problemen auf ihrer Arbeitsstelle erzähle, sich aber weigere, irgendeinen seiner Ratschläge zu befolgen. ... Der Versuch, ein Problem zu lösen oder zu ›reparieren‹, konzentriert sich auf die Mitteilungsebene eines Gesprächs. Aber den meisten Frauen, die gern und oft von Problemen bei der Arbeit oder im Freundeskreis berichten, geht es in nicht in erster Linie um die reine Information.« Sie wollen vielmehr Verständnis oder Berichte von einer ähnlichen Erfahrung. Will sagen: Problemgespräche zielen bei ihnen primär darauf ab, »eine Beziehung zu festigen, indem man Metamitteilungen aussendet: ›Wir sind gleich; du bist nicht allein.‹ ... Darüber hinaus ist gegenseitiges Verständnis symmetrisch, und diese Symmetrie trägt zu einem Gefühl von Gemeinschaft bei. Aber das Erteilen von Ratschlägen ist asymmetrisch. ... Und das vergrößert die Distanz« (Tannen 1993, S. 50ff.).

Der potenzielle Helfer wird so zu einem neuen Täter, weil er – unbewusst – statt Zeichen der Symmetrie und Nähe solche der Hierarchie und Distanz ausstrahlt.

Konfliktdreieck

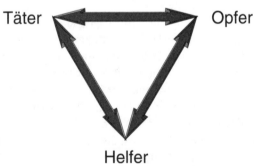

Abbildung 1: Konfliktdreieck

Die »hohe Kunst« des Konfliktmanagements besteht nun darin, genau in diese Konfliktfalle *nicht* zu treten und den Konflikt weder durch seine Intervention noch dadurch zu verstärken, dass man selbst Teil des Konflikts wird. Dazu ist es nicht nur nötig, Methoden des Konfliktmanagements zu kennen, sondern auch, wann, auf welcher Stufe des Konfliktverlaufs man sie am besten anwenden kann.

■ Die typischen Prozessstufen eines Konflikts

Friedrich Glasl nennt neun Stufen der Eskalation von Konflikten (s. Tab. 1). Uns erscheint dieses Schema für die praktische Arbeit an Konflikten viel zu kompliziert. Zudem sind einige der in ihm aufgeführten Stufen und Handlungen wenig plausibel und nachvollziehbar: Was »Demasqué: ›Enttäuschung‹«, »Aha-Erlebnis rückwirkend« oder »vitale System-Faktoren zerstören – dadurch System unsteuerbar, zerfällt gänzlich« genau heißt, entzieht sich unserer Kenntnis und Fantasie.

Tabelle 1: Neun Stufen der Eskalation von Konflikten (nach Glasl 1997, S. 218ff.)

1. Verhärtung	– Standpunkte verhärten zuweilen, prallen aufeinander
	– zeitweilige Ausrutscher und Verkrampfung
	– Bewusstsein der bestehenden Spannungen erzeugt Krampf
	– Überzeugung: Spannungen sind durch Gespräch lösbar
	– noch keine starren Parteien oder Lager
2. Debatte	– Polarisation im Denken, Fühlen und Wollen, Schwarz-Weiß-Denken
	– Taktiken: quasi-rational, verbale Gewalt
	– Reden zur Tribüne: Über Dritte »scores« gewinnen

	– Bildung zeitlicher Subgruppen um Standpunkte
	– Diskrepanz »Oberton und Unterton«
	– Teamaufbau nach dem Muster Überlegener/Unterlegener
3. Taten	– »Reden hilft nichts mehr« Also: Taten! Strategie der vollendeten Tatsachen
	– Diskrepanz zwischen verbalem und nonverbalem Verhalten, nonverbales Verhalten dominiert
	– Gefahr der Fehlinterpretationen
	– pessimistische Antizipationen, Misstrauen
	– Kohäsion, Rollen-Verhärtung
	– Empathie geht verloren
4. Images, Koalitionen	– Stereotypen, Klischees, Imagekampagnen, Gerüchteküche brodelt
	– einander in negative Rollen manövrieren und bekämpfen
	– Werben um Anhänger, symbiotische Koalitionen
	– Selffulfilling Prophecy durch Perzeptionsfixierung
	– dementierbares Strafverhalten
	– doppelte Bindungen durch paradoxe Aufträge
5. Gesichtsverlust	– öffentlich und direkt: Gesichtsangriffe!
	– Demasqué: »Enttäuschung«, Aha-Erlebnis rückwirkend
	– Engel-Teufel als Bild, Doppelgänger
	– Ausstoßen, Verbannen
	– Isolation, Echo-Höhle, sozialer Autismus
	– Ekel
	– Ideologie, Werte, Prinzipien

	– Rehabilitierung!
6. Drohstrategien	– Drohung und Gegendrohung
	– »second move«
	– Stress
	– Akzeleration durch Ultimaten, Scherenwirkung
7. Begrenzte Vernichtungsschläge	– Denken in »Dingkategorien«
	– keine menschliche Qualität mehr
	– begrenzte Vernichtungsschläge als »passive« Antwort
	– Umkehren der Werte ins Gegenteil: relativ kleinerer eigener Schaden – Gewinn
8. Zersplitterung	– Paralysieren und Desintegrieren des feindlichen Systems
	– Abschnüren der Exponenten vom Hinterland
	– vitale System-Faktoren zerstören – dadurch System unsteuerbar, zerfällt gänzlich
9. Gemeinsam in den Abgrund	– kein Weg mehr zurück!
	– totale Konfrontation

Zwar für nicht viel einfacher, wohl aber plausibler und hilfreicher für die Praxis halten wir das Phasenmodell von Hedwig Kellner, das ebenfalls zwischen neun Eskalationsstufen unterscheidet (s. Tab. 2).

Tabelle 2: Phasenmodell der Eskalation von Konflikten (nach Kellner 1999, S. 62–67)

1. Verstimmung oder Verärgerung	Der Betroffene nimmt etwas wahr, was ihn ärgert. Je nach Mitteilungsbedürfnis oder Temperament wird der Ärger offen ausgesprochen oder nur in Gedanken gewälzt.
2. Debatte oder Streit	Ärgerlichkeiten, die nicht verschwinden oder sich ständig wiederholen, kann man irgendwann nicht mehr schweigend ertragen. Man will darüber reden und es aus der Welt schaffen. Aber fast nie wird ein Konflikt in dieser Eskalationsstufe bereinigt. Wer sein Anliegen nicht richtig in Worte fassen kann oder emotional wird, geht als Verlierer aus dem Gespräch.
3. Kontaktabbruch	Privat spricht man vom »Schmollen«.
4. Soziale Ausweitung	Andere werden durch Gespräche etc. mit in den Konflikt einbezogen (manchmal auch Kunden, Außenstehende).
5. Ideensammlung, Strategie und Planung	Die Betroffenen planen bewusst, wie sie den Konflikt weiter austragen wollen.
6. Andeutungen, Warnungen, Drohungen	
7. Offene Angriffe und soziale Ausfälle	
8. Rundumschläge	Man will den Gegner treffen, egal wo und wie.
9. Krieg mit Vernichtungswille	

Am praktikabelsten erscheint uns aber das Schema von Doppler und Lauterburg (1994, S. 281). Es ist so plausibel wie das von Kellner, beschränkt sich aber auf vier Phasen und lässt sich deshalb sehr viel einfacher im praktischen Umgang mit Konflikten einsetzen:

1. Die Diskussion
   Am Anfang gibt es immer die Sachfrage – den Diskussionsgegenstand. Der Streitgegenstand ist dabei oft ganz alltäglicher Natur. Es existiert zunächst kein offenbarer Grund für einen schweren Konflikt. Ähnliche Probleme sind oft schon mehrmals aufgetreten. Man hat für sie immer eine Lösung gefunden.
2. Die Überlagerung
   Im Verlauf der Diskussion entsteht eine kritische Situation: Argumente der einen Seite werden von der anderen nicht akzeptiert. Man stellt das, was gesagt wird, in Frage. Gegenseitige Unterstellungen und die moralische Ebene kommen herein. Die Sachfrage wird überlagert durch Werte-, Beziehungs- und Personenfragen. Emotionen kommen ins Spiel.
3. Die Eskalation
   Sobald man sich beleidigt fühlt, entstehen Gefühle der Wut und Empörung, das heißt, die Kommunikation mit dem Partner wird im Prinzip abgebrochen. Man versucht, den Gegner zu isolieren und ihm Schaden zuzufügen. Die Eskalation arbeitet dabei mit drei Mechanismen:
   — Die Emotionen liefern auf beiden Seiten viel Energie, sodass sich die Beteiligten so stark wie nie zuvor engagieren.
   — Der Vorgang ist der rationalen Kontrolle entzogen.
   — Beide Seiten leiden unter selektiver Wahrnehmung: Sie registrieren nur noch das in ihrer Umwelt, was ihr Vorurteil über den Konfliktpartner bestätigt.
4. Die Verhärtung
   Hier kommt es zur Abkühlung mit chronisch »kaltem Krieg«. Die Konstanz dieses Zustands, besonders die mangelnde Kommunikation und Kooperation zwischen den sich streitenden Personen oder Funktionsbereichen kostet unerhört viel Zeit, Geld und Nerven (Doppler u. Lauterburg 1994, S. 283).

Im weiteren Verlauf kann der kalte auch zum echten Krieg, zur gezielten gewaltsamen Auseinandersetzung eskalieren.

Dass es zwischen Glasl sowie Doppler und Lauterburg nicht nur in der Komplexität und Praktikabilität der Schemata, sondern auch in der Verwendung ein und derselben Vokabeln gravierende Unterschiede gibt, darf nicht weiter verwundern. In der Literatur zu Konflikten sucht man eindeutige Begrifflichkeiten vergebens, sodass »Verhärtung« bei dem einen die erste und mildeste, bei dem anderen dagegen die letzte und höchste Stufe der Konfliktspirale darstellt.

Das Schema von Doppler und Lauterburg gibt auch einen Fingerzeig dafür, woran man ein erfolgreiches Bearbeiten von Konflikten ablesen kann.

■ Konflikte managen – nicht meistern

Das erfolgreiche Bearbeiten von Konflikten – unabhängig davon, ob sie in Familien, Firmen oder Fußballteams stattfinden, kann nicht darin bestehen, Konflikte im Sinne des Vermeidens, »Verhinderns« oder völligen Beseitigens zu »meistern«. Konflikte kann man nicht meistern, sondern nur managen, also kontrolliert eindämmen und konstruktiv nutzen.

Denn überall dort, wo Menschen zusammenleben und arbeiten, sind Konflikte normal und nötig. Konflikte, diese Gefühle des Angegriffenwerdens durch andere, stellen das Salz in der Suppe des Sozialen dar: Sie führen dazu, dass wir uns »verteidigen«, und solange wir das nur gedanklich, sprachlich und argumentativ tun, garantiert das den Fortschritt in unseren Ideen und Handlungen. Wenn wir uns in einer Diskussion über einen Vorschlag, den wir gemacht haben, durch die Kritik, die von anderen geäußert wird, nicht auch *persönlich* getroffen fühlen, fehlt die Spannung, die uns anregt, den Vorschlag argumentativ zu verteidigen oder zu verbessern.

Das Problem ist nur, dass der Übergang von dieser konstruktiven Funktion des Konflikts hin zu seinen destruktiven Wirkungen fließend ist und von Mensch zu Mensch, von Gruppe zu Gruppe variiert. Dieses Problem des Übergangs (nicht den Konflikt als solchen) zu meistern, ist Aufgabe des Konfliktmanagements.

Erfolgreiches Konfliktmanagement besteht nun ganz einfach darin, die konstruktive Funktion des Konflikts zu erhalten, ohne dass seine negativen Konsequenzen auftreten. Mithilfe des Schemas von Doppler und Lauterburg lässt sich auch der Ort solch eines erfolgreichen Konfliktmanagements sehr gut beschreiben.

Das erfolgreiche Konfliktmanagement bewegt sich demnach auf den Stufen der Diskussion und der Überlagerung und verhindert das dauerhafte Abrutschen in die Eskalationsstufe. Der gute Konfliktmanager nimmt also den Eintritt in die Überlagerungsstufe sehr aufmerksam und früh wahr und versteht es, so zu intervenieren, dass die Eskalationsspirale nicht in Gang kommt und stattdessen wieder die Stufen der konstruktiven Diskussion erreicht werden.

Wir glauben, dass zu solch einem erfolgreichen Konfliktmanagement, rein technisch gesehen, zumindest zwei Dinge nötig sind: dass man systematisch vorgeht und dass man vor diesem Hintergrund methodisch agiert, die richtige Strategie anwendet.

Systematisches Vorgehen beim Konfliktmanagement

Was das systematische Vorgehen anbelangt, empfehlen wir, sich an der 3-D-Struktur des Konfliktmanagements zu orientieren (s. Tab. 3).

Tabelle 3: Die 3-D-Stufen des Konfliktmanagements

Diagnose	Der Konfliktmanager macht sich ein Bild über die Konfliktlage – etwa indem er das Geschehen aus der betreffenden Gruppe eine Zeit lang beobachtet oder Einzelgespräche mit den wahrscheinlich Betroffenen führt.
	Die Diagnose kann offen oder verdeckt erfolgen.
	– Eine offene, als Konfliktdiagnose kenntliche Arbeit liegt auf jeden Fall immer dann vor, wenn der Konfliktmanager von außen kommt – beispielsweise in Form eines Familientherapeuten, firmeninternen Konfliktberaters oder externen Consulters.
	– Eine verdeckte, nicht als Konfliktanalyse kenntliche Diagnose kann (und muss) jeder Teamleiter vornehmen, wenn er vermutet, dass die zwischenmenschlichen Konflikte in seiner Gruppe das normale Maß überschreiten. Hier werden dann noch keine offiziellen Diagnosegespräche geführt. Vielmehr wird in ohnehin schon anfallenden informellen Gesprächen in der Kantine oder an der Theke auch die eine oder andere Konflikt-Beobachtung angesprochen.
Design	Aus den so gewonnenen Daten wird ein handfestes Bild der Konfliktlage sowie ein Plan ihrer Bearbeitung entworfen. Der Konfliktmanager formuliert also Hypothesen vor allem darüber,
	– wer die vom Konflikt betroffenen Personen genau sind,
	– was seine Ursachen und entscheidenden Auslöser waren,
	– wie er verlief und wie seine wahrscheinliche Entwicklung sein wird sowie
	– wie brisant die Konfliktlage tatsächlich ist und von den Betroffenen empfunden wird. Hier wird der Konflikt also auf der Achse Diskussion – Überlagerung – Eskalation – Verhärtung verortet.
	Sodann definiert er die Art und Weise seiner Konfliktintervention:
	– Was soll und kann sie leisten (Interventions-Ziele)?

	– Wie soll und kann sie aussehen; mit welchen Methoden und Zeitzielen soll vorgegangen werden (Interventionsplan)? Hierbei ist es wichtig, dass die zur Verfügung stehenden Methoden oder Strategien des Konfliktmanagements nicht für alle Stufen der Konfliktentwicklung gleich gut geeignet sind: Ein Konflikt ist nicht mehr bloß durch Moderation zu meistern, wenn er schon (vielleicht seit Jahren) verhärtet ist! Je nachdem, ob die Diagnose offen oder verdeckt erfolgte, muss der betroffenen Gruppe das Ergebnis rückgekoppelt werden. Dies ist auch dann nötig, wenn keine weitere Konfliktintervention durchgeführt wird – beispielsweise weil man zu der Erkenntnis gekommen ist, dass ein nennenswerter Konflikt nicht vorliegt oder die Gruppe den Konflikt schon selbst meistern wird.
Durchführung	Soll aber eine aktive Intervention stattfinden, dann erfolgt dies nach dem in der Designphase entworfenen Zeit- und Strategieplan.

Methodisches Vorgehen beim Konfliktmanagement

Glasl nennt acht mögliche Strategien der Konfliktbearbeitung (Glasl 1997, S. 362ff.):

1. Die Moderation
   Der Moderator kann darauf vertrauen, dass die Parteien die Konflikte nach einigen Interventionen selbst bewältigen können. Er versucht, die an Ort und Stelle auftretenden Probleme der Interaktionen sowie inhaltliche und prozedurale Differenzen mit sofortigen »Selbstheilungseingriffen« zu korrigieren.
2. Das Chairmanverfahren
   Es handelt sich dabei um eine Moderation, bei der ein neutraler Konferenz- oder Verhandlungsleiter eingeschaltet wird, der nur die Interaktionen und die Prozeduren reguliert und sich dabei jeglicher inhaltlicher Beeinflussung enthält.
3. Die Prozessbegleitung
   Der Prozessbegleiter arbeitet an bereits länger fixierten »Perzeptionen«, Attitüden, Intentionen und Verhaltensweisen der

Konfliktparteien. Gefestigte Rollen und Beziehungen müssen wiederum aufgelockert werden. Unter Umständen muss auch die Organisation umgestaltet werden.
4. Das Conciliatorverfahren
   Im Grunde sind auch Interventionen eines Conciliators solche der Prozessbegleitung. Die Prozesse sind jedoch keine synergetischen, auf Integration der Fähigkeiten und Ressourcen der betroffenen Parteien ausgerichteten Prozesse, sondern zumeist Verhandlungsprozesse.
5. Die Soziotherapeutische Prozessbegleitung
   Sie soll zum Durchbrechen neurotischer Rollenbindungen, des sozialen Autismus beitragen.
6. Das Vermittlungsverfahren
   Der Vermittler bemüht sich um einen akzeptablen Kompromiss, der den Interessen aller Rechnung trägt und eine Koexistenz ermöglicht.
7. Das Schiedsverfahren
   Der »Arbiter« oder Ombudsman entscheidet aufgrund eigener Beurteilung, wie der Konflikt gelöst werden kann. Der Konflikt muss sich dabei auf einen von den Parteien umschriebenen Dissens über Fakten und Normen beziehen.
8. Der Machteingriff
   Aufgrund ihrer Machtüberlegenheit kann die Machtinstanz ihre Maßnahmen gegen den Willen der Betroffenen durchsetzen.

Fasst man die ähnlich wirkenden Strategien (Moderation, Prozessbegleitung sowie Chairman- und Conciliatorverfahren) zusammen und ergänzt sie um Arbeiten im Vorfeld von Konflikten, dann ergibt sich ein Arsenal von vier Konfliktbearbeitungs- oder Konfliktmanagementstrategien (s. Tab. 4).

Tabelle 4: Konfliktbearbeitungs- oder Konfliktmanagementstrategien

Prophylaxe	Wir werden und sollten nie in einer konfliktfreien Welt leben. Aber wir brauchen Sensoren, um Konflikte möglichst früh wahrzunehmen und ihre Eskalation zu verhindern.
Moderation	Hierbei ist der Konfliktmanager nur Moderator, das heißt ein prozessverantwortlicher Begleiter. Die Lösungen des Konflikts müssen die Betroffenen selbst finden.
Mediation	Es ist das klassische Schlichtungsverfahren, das wir aus Tarifverhandlungen kennen. Hierbei agiert der Konfliktmanager sehr viel aktiver als bei der Moderation. Das vor allem dadurch, dass er schon eigene Lösungsvorstellungen in die Gespräche mit den Konfliktparteien einbringt und zur Diskussion stellt.
Machtwort	Finden die betroffenen Konfliktparteien selbst keine Möglichkeit mehr, an der Lösung mitzuarbeiten, und hilft auch kein Schlichtungsverfahren mehr weiter, wird ihnen in der Regel eine Lösung vorgeschrieben. Diese Lösung kann auch mit Maßnahmen einhergehen, die von einer oder beiden Seiten als »Strafe« angesehen wird. Das Machtwort funktioniert allerdings nur, wenn die es vorbringende Person oder Stelle auch wirklich Macht über die Konfliktparteien hat.

Konfliktprophylaxe – Vorbeugen ist besser als heilen

Egal, ob man es mit einer Familie, einer Arbeitsgruppe oder einer Schulklasse zu tun hat: Eine erfolgreiche Konfliktprophylaxe ist und bleibt die beste Form des Konfliktmanagements. Sie darf aber keine punktuelle Angelegenheit sein, sondern muss kontinuierlich betrieben werden. Ihr Ziel ist es, Klarheit vor allem über drei Fragen zu erbringen:
– Mit welchen Menschen habe ich es zu tun – wie gehen sie normalerweise miteinander um?
– Welche Ängste haben sie und warum gibt es gerade diese Ängste?
– Was kann gegen diese Ängste getan werden?

Wenn es nun richtig ist, dass sich Konflikte immer über verbale oder nonverbale Zeichen artikulieren und vermitteln, dann muss sich die Konfliktprophylaxe vor allem auf die Beobachtung der Art und Weise konzentrieren, wie die Menschen, mit denen man es zu tun hat, miteinander kommunizieren.

Da nun weiter unsere Konfliktdefinition von einer eingebildeten Täter-Opfer-Beziehung ausgeht und man nie wissen kann, wer genau mit wem Konflikte hat, muss sich darüber hinaus auch die Person, die den Konflikt managen will, selbst immer wieder kritisch fragen, wie sie mit den Menschen, mit denen sie es zu tun hat, kommuniziert und wie diese umgekehrt mit ihr umgehen.

Mit welchen Menschen habe ich es zu tun?

- Sehr gute Übungen zur Team- und Konfliktdiagnose in Gruppen findet man bei Königswieser und Exner (1999, S. 159–311).
- Einen ausführlichen Fragebogen zur Teamdiagnose haben Francis und Young (1996, S. 58–67) vorgelegt. Hier sind ebenfalls Übungen zur Teamdiagnose aufgeführt. Diese Übungen orientieren sich an den aus der Fragebogenanalyse erkennbaren Konflikten. Interessant ist auch die Weiterentwicklung des Teamentwicklungsschemas von Francis und Young in dem Buch von Fuchs-Brüninghoff und Gröner (1999, S. 125–142).
- Interessante Aufschlüsse über die Zusammensetzung einer Gruppe geben auch spielerische Übungen wie das H.D.I.-(»Herrmann Dominanz Instrument«-)Spiel. Es geht von der Theorie aus, dass menschliches Handeln von vier Orientierungen (analytische, pragmatische, beziehungsmäßige, kreative) dominiert wird, die individuell allerdings unterschiedlich ausgeprägt sind. In dem H.D.I.-Spiel wird nun ein Gruppenspiegel erzeugt, aus dem hervorgeht, ob das Team eher kreativ-innovativ, pragmatisch-konservativ, theoretisch-analytisch oder beziehungsorientiert ist. Je nach Mischung dieser Ausprägungen, verbunden mit der Aufgabe, die man leisten

muss, lassen sich so künftige Konfliktzonen ausloten. Beispielsweise dürfte eine Gruppe viele Konflikte miteinander haben, die von ihrer Struktur extrem auf das Bewahren ausgerichtet ist, von ihrer Aufgabe her aber kreativ sein muss. Wissenschaftlich haltbar sind die Prämissen und Ergebnisse des H.D.I.-Spiels allerdings nicht.
- Einen sehr einfachen Fragebogen zum Konfliktpotenzial haben wir selbst entwickelt. Dieser Fragebogen soll schnell und kompakt Aufschluss über die Konfliktlage in einer Gruppe geben. Die Vorteile dieses Bogens: Er ist schnell anwendbar und leicht auszuwerten. Die Nachteile liegen aber auch auf der Hand: Eben weil er sehr einfach ist, ist er auch relativ grob strukturiert und nicht in die Tiefe gehend (s. Abb. 2).

Fragebogen zum Konfliktpotenzial

Zielsetzung:
Der Fragebogen dient dazu, Konflikte möglichst früh zu erkennen. Zu diesem Zweck sollten alle Organisationsmitglieder den Bogen unabhängig voneinander und anonym ausfüllen. Die Auswertung kann dann gemeinsam durchgeführt werden.

Hinweise zur Benutzung:
Bitte kreuzen Sie an, wie stark Sie die in der linken Spalte aufgeführten sozialen Unterschiede innerhalb Ihrer Organisation wahrnehmen. Es interessiert hier nur Ihr subjektiver Eindruck, eine objektive Messung ist nicht beabsichtigt. Zur Bewertung der von Ihnen wahrgenommenen sozialen Unterschiede stehen Ihnen vier Antwortalternativen zur Verfügung. Dabei gilt: 1= sehr gering, 2 = gering, 3 = deutlich spürbar, 4 = sehr deutlich spürbar.

Soziale Unterschiede der Form ...	Ausprägung (Grad 1 bis 4)			
Unterschiedliche Interessen	1	2	3	4
Unterschiedliche Erwartungen	1	2	3	4
Unterschiedliche Sprachen und Sprachcodes	1	2	3	4
Unterschiedliche Vorstellung zum Mitteleinsatz oder zur Mittelverwendung	1	2	3	4
Unterschiedliche Ressourcen	1	2	3	4
Unterschiedliche Werte	1	2	3	4
Unterschiedliche Fachkompetenz	1	2	3	4
Machtunterschiede	1	2	3	4
Unterschiedliche Ziele und Zielvorstellungen	1	2	3	4
Unterschiedlicher Informationsstand und Informationszugang	1	2	3	4

Abbildung 2: Fragebogen zum Konfliktpotenzial

Welche Ängste herrschen warum vor und was kann gegen sie getan werden?

- *Regelmäßig geführte Gespräche* mit den Beteiligten.
- *Regelmäßige sonstige* (auch informelle) *Kontakte* mit den Gruppenmitgliedern.
- *Professionelle Umfragen* (dies ist sicherlich nur in Unternehmen und Verwaltungen möglich, und dann auch nur, wenn es sich um größere Einheiten von mehr als zehn Personen handelt).
- *Teamentwicklungsmaßnahmen:* Hierbei setzt man sich eine Zeit lang zusammen und beschäftigt sich in neutraler Umgebung mit der Konflikt- und Kommunikationskultur der eigenen Gruppe. Das kann prinzipiell in zwei Varianten geschehen:
    a) Die eine ist die *Erlebnis-Variante,* bei der man indirekt, über Spaß, Symbole und Abenteuer versucht, eine Gruppe zusammenzuhalten. Eine Familie macht dazu Urlaub in den Bergen, ein Leistungsteam Überlebenstraining in Schweden und ein Ehepaar zelebriert dazu den jährlichen Hochzeitstag.
    b) Die andere ist die *Vernunft-Variante.* Hierbei versucht man, sich die möglichen Konfliktzonen bewusst zu machen, um sie durch das konzentrierte Gespräch und das Vereinbaren von Maßnahmen nicht weiter aufbrechen zu lassen. Eine Familie wählt dazu den »Familienrat«, ein Leistungsteam den Workshop und ein Paar das Essen beim Italiener. Die Maßnahmen, die dabei herauskommen, reichen von neuen (Beziehungs- oder Leistungs-)Zielen bis hin zu anderen Formen des Zusammenlebens oder -arbeitens – wie etwa der Trennung auf Zeit bei Beziehungen oder einer Umbesetzung des Teams im professionellen Bereich. Seitdem sich auch Kultgruppen wie die »Missfits« öffentlich zur Notwendigkeit solcher Teamentwicklungen bekennen, ist diese Variante auch außerhalb von Unternehmen hoffähig geworden.
- *Supervisionen und Coachings:* Damit ist eigentlich nichts anderes gemeint, als dass externe Vertrauenspersonen eine

Gruppe oder Mitglieder einer Gruppe beobachten, beraten und trainieren. Familien und Paare fragen Freunde oder Therapeuten, professionelle Organisationen wie Firmen und Verwaltungen dagegen greifen auf externe Berater, Moderatoren oder erfahrene Führungskräfte zurück, die für jüngere von ihnen als Mentoren zur Verfügung stehen.

Tabelle 5: Begrifflichkeiten des Coachings (Lauterburg 2001)

Einzelcoaching	Bilaterales Coaching einer Einzelperson durch einen Coach (individuelle Beratung).
Team-Coaching	Synonym für Teamentwicklung: Beratung eines bestehenden Teams – Führungsteam, Projektgruppe, Task-force – durch einen Coach.
Coaching-Team	Zum Zwecke des Erfahrungsaustausches sowie der wechselseitigen Beratung (kollegiales Coaching) gegründetes Team.

Interessant ist hier vor allem das »Coaching-Team«: Hier »coachen« sich die Betroffenen selbst, indem sie in Gesprächskreisen, Führungszirkeln oder Gruppensitzungen über ihre Erfahrungen berichten und sich austauschen. »Coaching-Teams sind die wahrscheinlich wirkungsvollste Form praxisbegleitender Qualifikation für höhere und hohe Verantwortungsträger in der Wirtschaft, in der Politik und in der öffentlichen Verwaltung. Kleine Teams von Teilnehmer/-innen mit in etwa vergleichbar anspruchsvollen Führungsaufgaben treffen sich in regelmäßigen Zeitabständen für jeweils 1½ bis 2 Tage in Klausur unter einer speziell für diese Aufgabe geeigneten Moderation zu systematischem Erfahrungsaustausch, wechselseitiger kollegialer Beratung und persönlichem Feedback. Gegenstand der Beratung: Aktuelle Führungsfragen, Change-Projekte oder Konfliktsituationen aus dem Berufsalltag der einzelnen Teammitglieder« (Lauterburg 2001, S. 6).

Was passiert nun konkret in solchen Coaching-Teams? Die einzelnen Teilnehmer stellen hier Fragen aus ihrem beruflichen Alltag zur Diskussion – wie kritische Führungs- und Kommunikationsprobleme, strategisch schwierige oder politisch delikate Entscheidungen, konflikträchtige Projekte, heikle Personalia oder latente Spannungen und Konflikte (Lauterburg 2001, S. 8f.).

Das Team analysiert dann gemeinsam den Konflikt und entwickelt mit dem betroffenen Mitglied mögliche Lösungsansätze. Das heißt, die Teammitglieder liefern aufgrund ihrer Erfahrungen Ideen, Tipps und Denkanstöße.

Dabei werden die zur Diskussion gestellten Fragestellungen nicht nur nach rationalen Gesichtspunkten analysiert. »Sowohl die Vorgänge im Arbeitsumfeld des Teammitgliedes als auch dessen persönliche Einstellungen und Verhaltensweisen werden mit Blick auf die unterschwellige emotionale Dynamik betrachtet. Die Teilnehmer/-innen werden dadurch sensibilisiert in ihrer Selbstwahrnehmung. Sie lernen aber auch, die Stimmungslage und die Gefühle von Vorgesetzten, Kolleg/-innen, Mitarbeiter/-innen sowie externen Partnern (Kunden, Lieferanten, Gewerkschaften, Behörden etc.) wahrzunehmen und ihr Verhalten situativ auf die menschlichen, zwischenmenschlichen und politischen Realitäten in ihrem Umfeld abzustimmen« (Lauterburg 2001, S. 9).

Andernorts sind Coaching-Teams auch als Führungszirkel oder Selbsterfahrungsgruppen bekannt. Die Erfahrung mit solchen Zirkeln zeigt zum einen, dass die »etwa vergleichbar anspruchsvollen Führungsaufgaben« nicht bedeuten müssen, dass man aus gleichen Fachbereichen oder Branchen kommen muss. Es kann sogar für Techniker sehr anregend sein, ihr Problem aus der Perspektive einer pädagogischen Führungskraft gespiegelt zu bekommen, sowie es umgekehrt für diese lehrreich sein kann, ihren Konflikt einmal »technisch« gespiegelt zu bekommen. Zum anderen zeigt sich, dass ein Team- oder Vertrauensgefühl in solchen Zirkeln entweder erst im Lauf der Zeit oder aber durch eine professionelle Moderation entsteht. Und hier liegt das Problem: Sobald der Therapeut oder Moderator die Gruppe verlässt und diese sich selbst moderieren und organisieren muss, ist die Gefahr sehr groß, dass sie sich auflöst.

Konfliktmoderation – Betroffene zu Beteiligten machen

Die Konfliktmoderation

Von Moderatoren war in Deutschland erstmals in den 1960er Jahren die Rede, als in Fernsehsendungen wie »Sport, Spiel, Spannung« oder dem »Aktuellen Sportstudio« unterschiedliche Beiträge miteinander verbunden und unterschiedliche Teilnehmer in die Sendung eingebunden wurden. Dass das nicht immer leicht und zum Teil äußerst konfliktreich sein konnte, erlebte Harry Valérien in seinem schon legendären Sport-Studio-Interview mit dem Boxer Norbert Grupe (alias Prinz von Homburg). Valérien hatte Grupes Kampf wohl etwas (zu) kritisch kommentiert, sodass jener sich in dem Interview dadurch rächte, dass er auf Valériens Fragen 15 Minuten kein Wort von sich gab und stattdessen (vielsagend) schwieg.

Auf normale Gespräche wurde das Wort Moderation erst später bezogen. Verantwortlich hierfür war vor allem die damals neue Visualisierungsmethode der Gebrüder Schnelle. Moderation wurde damals gleichgesetzt mit dem Arbeiten mit Kartenabfragen und Pinnwandszenarien.

Heute wird Moderation allerdings sehr viel weiter gefasst. Moderation bedeutet im ursprünglichen Sinne eigentlich nur *Mäßigung* und steht in der Moderationsmethode heute für
– eine spezifisch (mäßigende) Grundhaltung des Leiters oder Moderators,
– die Arbeit nach einer bestimmten Methodik oder Systematik,
– die Verwendung spezieller Hilfsmittel und Materialien.

Moderieren kommt aus dem Lateinischen: *moderare*, mäßigen. Auch das italienische *moderato* als musikalische Vortragsanweisung bedeutet mäßig bewegt. In der Kernphysik finden wir den *Moderator* als Bezeichnung der Substanz, mit deren Hilfe man die Neutronen abbremst.

Vergleichbares gilt im zwischenmenschlichen Bereich. Moderationen und moderierende Personen sollten eher gemäßigt, bescheiden und keinesfalls aufdringlich, machtvoll oder beherrschend sein. Kurz: Der Moderator agiert mehr aus dem Hintergrund. Im Vordergrund steht seine Funktion, in der Gruppenarbeit für Klarheit zu sorgen, Zusammenhängendes zu verbinden und zwischen Arbeitsschritten überzuleiten. Zur Grundhaltung des Moderators gehört es also, Hilfe für andere und für anderes geben zu wollen. So hat er auf jeden Fall hat eine Art Hebammenfunktion als Dienstleister für die Gruppe. Er ist Motor und Wächter des Prozesses, keinesfalls mehr!

Bezogen auf die Moderation von Konflikten bedeutet dies, dass den Kontrahenten keine inhaltlichen Lösungswege aufgezeigt werden. Und schon gar nicht darf er die inhaltliche Arbeit der betroffenen Personen kommentieren. Vielmehr hilft er dabei, dass diese *selbst* Erklärungen und Lösungen für ihre Konflikte finden.

Dabei ist ein Höchstmaß an Transparenz über das methodische Vorgehen nötig. Es macht daher Sinn, vor jedem Moderationsschritt der Gruppe sein methodisches Vorgehen zu erklären und dafür das Einverständnis der Beteiligten einzuholen.

Allerdings ist es in der Konfliktmoderation zumeist nicht möglich, die einzelnen Arbeitsschritte durch präzise formulierte und visualisierte Fragen einzuleiten, wie dies die klassische Moderationsmethode gern empfiehlt (Seifert 1995, S. 19). Vieles ergibt sich erst im Verlauf der Moderation, sodass der Moderator sehr flexibel und spontan reagieren muss. Jedoch bleibt das Postulat bestehen, so viel wie möglich von dem zu visualisieren, was von den Beteiligten inhaltlich eingebracht wurde.

Diese konstruktive Hebammenfunktion setzt bei der Konfliktmoderation allerdings zweierlei voraus: a) eine gediegene sachliche Vorbereitung und b) das Vertrauen in die methodische und fachliche Kompetenz und die menschliche Neutralität des Moderators.

Zu a): Vorbereitung ist (fast) alles
Zur Vorbereitung auf Konfliktmoderationen empfehlen wir, entlang der Diagnose- und Design-Stufen des 3-D-Schemas (s. Tab. 3, S. 38f.) vorzugehen. Entscheidend ist dabei, dass man im

Verlauf der Diagnose zu dem Ergebnis kommt, den Konflikt *tatsächlich* selbst erfolgreich moderieren zu können.

Dazu ist es nicht nur und vielleicht sogar am wenigsten wichtig, klassische Moderationstechniken zu beherrschen, als vielmehr den Eindruck zu haben, dass die betroffenen Konfliktparteien einen selbst als neutralen und kompetenten Konfliktmoderator ansehen und akzeptieren.

Wenn das nicht der Fall ist, weil beispielsweise eine Seite jemanden für zu jung oder zu alt hält, oder unterstellt, mit der anderen Seite unter einer Decke zu stecken, sollte derjenige oder diejenige die Finger von der Moderation lassen.

Zu b): Vertrauen ist gut, aber nicht alles
Vertrauen in die fachliche Kompetenz und Integrität des Moderators ist zwar die entscheidende personale Voraussetzung, um einen Konflikt erfolgreich zu moderieren. Man kann diesen Vertrauensvorschuss aber sehr schnell verspielen, wenn man in der Moderation selbst gravierende methodische und individuelle Fehler begeht.

Was die methodisch-technische Ebene anbelangt, hat es sich auch hier bewährt, nach einem klaren Fahrplan vorzugehen. Doppler und Lauterburg (1994, S. 286ff.) haben dazu ein Modell entwickelt, das aus sechs aufeinander aufbauenden Phasen oder Stufen besteht (s. Tab. 6).

In der Praxis wird das Verfolgen dieses Schemas jedoch nicht selten dadurch erschwert, dass drei Probleme auftreten:
1. Entweder wird während der Moderationssitzungen (zu) viel geredet und (zu) wenig gefühlt, weil sich die »emotionale Wüste« des Konflikts schon so ausgeweitet hat, dass man nur noch Fassaden zur Schau trägt und keine echten Gefühle mehr zeigt.
2. Oder aber es wird zu wenig geredet und zu viel gefühlt oder gestritten. Dies ist zumeist dann der Fall, wenn die seelische Verletzung sehr frisch ist, sehr tief ging oder aber der Konflikt schon zu stark eskaliert ist und die bloße Moderation die falsche Strategie darstellt.

Tabelle 6: Phasenmodell des Konfliktmanagements

Phase 1: Vorbereitung	Der Konfliktvermittler stellt die Verbindung zu den Parteien her und sucht in Einzelgesprächen, die Hintergründe des Konflikts zu verstehen und Voraussetzungen für direkte Gespräche zu schaffen. Im Prinzip vertieft diese Phase bestimmte Ergebnisse, die sich aus der Design-Stufe ergeben haben.
Phase 2: Eröffnung	Man sitzt wieder am gemeinsamen Gesprächstisch. Zunächst werden Ausgangslage, Ziel der Übung, die einzelnen Schritte des Vorgehens, die Spielregeln, die Rolle des Moderators und der Konfliktparteien sowie der Zeitplan geklärt.
Phase 3: Konfrontation	Hier geht es darum, dass beide Partner oder Parteien ihre Sicht der Dinge darlegen, das heißt – ihre konkreten Erlebnisse und Erfahrungen sowie – die damit verbundenen Gefühle.
Phase 4: Auswertung	Wenn alles auf dem Tisch liegt, was die Konfliktpartner sich an Erfahrungen und Gefühlen mitgeteilt haben, muss das Material gemeinsam gesichtet, geordnet und ausgewertet werden.
Phase 5: Verhandlung	Welches sind die echten Anliegen? Welche sachlichen Interessen und welche emotionalen Bedürfnisse liegen vor? Nur wenn beide Seiten die Prioritäten des Partners wirklich verstanden haben, kann das Aushandeln einer Lösung mit Aussicht auf Erfolg beginnen. Die Lösung kann dabei nur ein Kompromiss sein.
Phase 6: Realisierung und Controlling	Das Tagesgeschäft hat seine Tücken. Beide Partner werden auf Herz und Nieren geprüft, ob sie es mit der offenen Zusammenarbeit ernst meinen.

3. Schließlich besteht auch die Gefahr, dass zwar Lösungen gefunden und vereinbart, dann aber nicht eingehalten oder umgesetzt werden.

Was ist in diesen Fällen zu tun?
1. Zum einen sollte das Schema rekursiv angewandt werden: Möglicherweise muss man etwa zur Diagnose-Stufe zurückkehren, um den Fall neu zu interpretieren und einzuordnen. Befindet man sich nämlich schon in der Phase der Verhärtung, ist die bloße Konfliktmoderation (die Betroffenen selbst lösen das Problem) fehl am Platz. Zum anderen könnten klimatisch positiv geladene Maßnahmen wie
   — die Wahl eines entspannten neutralen Orts außerhalb des eigentlichen Konfliktfelds oder
   — psychologische Übungen aus der Familientherapie
   eine Atmosphäre des Vertrauens schaffen, die dann wieder ein entspannteres Arbeiten am Konflikt ermöglicht.
2. Die »Konfrontation« (Phase 3) darf nicht in eine wechselseitige Schuldzuweisung münden. Hierzu ist es entscheidend, dass der Moderator
   — als »*strenger*« *Schiedsrichter* agiert und das Einhalten der Regeln überwacht, wonach nur Gefühle und beobachtbare Fakten geschildert werden dürfen;
   — die Auswertungsphase *konstruktiv anmoderiert* – etwa indem er beide Seiten fragt, wie sie sich erklären, dass sie die gleichen Situationen so völlig unterschiedlich erlebt haben.
3. Die Gefahr nicht eingehaltener Vereinbarungen lässt sich vor allem durch zwei Maßnahmen verringern:
   — Es ist darauf zu achten, dass die Verhandlung zwischen den Konfliktparteien sachbezogen geführt wird und als »Gewinner-Gewinner-Spiel« ausgeht.
   — Kontrollmechanismen müssen eingerichtet und vereinbart werden, die das Einhalten der Vereinbarungen überprüfen. Die Erfahrungen gerade in der Konfliktmoderation zeigt, dass solche Vereinbarungen Makulatur sind, wenn deren Nichteinhalten für eine der beiden Parteien keine negativen Konsequenzen hat.

EXKURS:
Das Harvard-Konzept des sachgerechten Verhandelns

Die in den achtziger Jahren von Roger Fisher und William Ury (1984, S. 26f.) entwickelte Methode des sachbezogenen Verhandelns beruht im Wesentlichen auf vier Grundaspekten (s. Tab. 7).

Tabelle 7: Das Harvard-Konzept des sachgerechten Verhandelns

Menschen	Menschen und Probleme getrennt voneinander behandeln!
Interessen	Nicht Positionen, sondern Interessen in den Mittelpunkt stellen!
Möglichkeiten	Vor der Entscheidung verschiedene Wahlmöglichkeiten entwickeln!
Kriterien	Das Ergebnis auf objektiven Entscheidungsprinzipien aufbauen!

Menschen und Probleme getrennt voneinander behandeln
Für das Besprechen von Konflikten und Aushandeln von Konfliktlösungen heißt das, sich nicht auf der Ebene pauschaler Vorwürfe und Einstellungsänderungen zu bewegen (»Du machst immer!«, »Du bist!«, »Du musst immer«, »Du musst dich als Person ändern«, »Du musst anders denken, glauben ...«), sondern die Lösungen auf der Ebene konkret beobachtbarer Verhaltensänderungen zu konzentrieren.

Auf Interessen konzentrieren, nicht auf Positionen
»Zwei Männer streiten sich in einer Bibliothek. Der eine möchte das Fenster offen haben, der andere geschlossen. Sie zanken herum, wie weit man es öffnen soll: einen Spalt weit, halb-, dreiviertel offen. Keine Lösung befriedigt beide. Die Bibliothekarin kommt herein. Sie fragt den einen, warum er denn das Fenster öffnen möchte. ›Ich brauche frische Luft.‹ Sie fragt den anderen,

warum er das Fenster lieber geschlossen hat. ›Wegen der Zugluft.‹ Nach kurzem Nachdenken öffnet sie im Nebenraum ein Fenster weit. Auf diese Weise kommt frische Luft herein, ohne daß es zieht« (Fisher u. Ury 1984, S. 65).

Das Beispiel zeigt: Solange man sich auf der Ebene konkreter Forderungen bewegt, streitet man sich und der Prozess stockt. Da gibt es oft nur ein Entweder-oder. Bei den dahinter stehenden Interessen dagegen sind Gemeinsamkeiten und damit Kompromisse oft viel leichter zu finden. Viele Konfliktmoderationen leiden darunter, dass sie nie zu diesen beiderseitigen Nöten, Wünschen, Sorgen und Ängsten – also den gemeinsamen Interessen – vordringen.

Werden die Interessen statt der Positionen zur Übereinstimmung gebracht, so hilft das in zweierlei Hinsicht: Meistens kann jedes Interesse durch mehrere mögliche Positionen befriedigt werden. Und der Ausgleich der Interessen ist nützlicher als jeder Positionskompromiss, weil es trotz gegensätzlicher Positionen in aller Regel mehr gemeinsame als gegensätzliche Interessen gibt (Fisher u. Ury 1984, S. 68).

Wie findet man nun die Interessen heraus? Dazu reicht manchmal die einfache Frage danach, warum eine Seite etwas fordert oder nicht fordert (Fisher u. Ury 1984, S. 70). Für Fisher und Ury sind die wichtigsten Interessen die so genannten menschlichen Grundbedürfnisse, vor allem nach Sicherheit, wirtschaftlichem Auskommen, Zugehörigkeit, Anerkanntsein und Selbstbestimmung (Fisher u. Ury 1984, S. 75).

Es ist also eine entscheidende Aufgabe der Konfliktmoderation, dafür zu sorgen, dass beiden Seiten die Interessen der jeweils anderen deutlich werden und dass beide Seiten die Interessen der jeweils anderen ernst nehmen.

Ein rhetorischer Kniff, um jene Transparenz und diese Akzeptanz zu erzeugen, könnte die Regel sein, die eigenen Interessen an den Anfang der Rede über den eigenen Konflikt zu stellen: »Wenn Sie möchten, daß Ihnen jemand zuhört und Ihre Begründungen versteht, dann setzen Sie Ihre Interessen und Ihre Gründe an den Anfang und lassen erst dann die Konsequenzen oder Vorschläge zur Lösung folgen. Berichten Sie der Firma zuerst über die Gefahren, die für die Kinder entstehen, und über Ihre schlaflosen Nächte. Dann werden die anderen aufmerksam zuhören, und wenn es nur deshalb geschieht, weil sie darauf warten, worauf Ihre Argumentation hinausläuft. Und wenn Sie es Ihnen dann sagen, werden sie verstehen warum« (Fisher u. Ury 1984, S. 80).

Zudem sollte gerade in der Verhandlungsphase der Konfliktmoderation der Blick nach vorn auf das gerichtet sein, was künftig geschehen sollte (»Wer soll morgen was erledigen?«) (Fisher u. Ury 1984, S. 82).

Entscheidungsmöglichkeiten zum beiderseitigen Vorteil entwickeln
Wenn man immer nur und von Anfang an meint, es gäbe nur eine einzige Lösung, bricht man einen kreativen Prozess ab, noch bevor er richtig angefangen hat. Stattdessen sollte die Konfliktmoderation genau diese Lösungsfindung anregen. Dazu sollte man

- den Prozess des Findens von Optionen von der Beurteilung eben dieser Optionen trennen,
- danach trachten, in einer Art Brainstorming die Zahl der Optionen eher zu vermehren als nach der »einen« Lösung zu suchen,
- nach Vorteilen für alle Seiten Ausschau halten und
- Vorschläge entwickeln, die allen Konfliktparteien die Entscheidung und Zustimmung erleichtert (Fisher u. Ury 1984, S. 90f.).

Dabei kann auch der Perspektivwechsel hilfreich sein, sodass beide Seiten aufgefordert werden, jeweils aus der Perspektive des anderen den Konflikt zu schildern und Lösungsoptionen zu finden. Und kaum »etwas erleichtert Verhandlungen so wie ein Präzedenzfall. Suchen Sie danach« (Fisher u. Ury 1984, S. 116).

Auf der Anwendung objektiver Kriterien bestehen
»Wie gut Sie auch immer die Interessen der Gegenseite verstehen ... immer werden Sie mit der harten Wirklichkeit einander wi-

derstreitender Interessen konfrontiert sein« (Fisher u. Ury 1984, S. 119).

Statt um Positionen zu feilschen, sollte man bei der Bewertung der Qualität von Lösungen besser objektive Kriterien zur Geltung kommen lassen. »Objektiv« sind für Fisher und Ury (1984, S. 125) solche Kriterien, die unabhängig vom Willen der beiden Parteien sind – zum Beispiel Marktwert, frühere Vergleichsfälle, wissenschaftliche Gutachten, Kriterien von Sachverständnis, mögliche Auswirkungen, Kosten, mögliche juristische Folgen, beidseitiger Nutzen.

EXKURS:
Open Space als Methode der Konfliktmoderation?

Open Space ist eine Moderationsmethode, die immer öfter dann angewandt wird, wenn größere Gruppen für sie wichtige Themen behandeln sollen. Folgt man Harrison Owen, dem »Erfinder« dieser Methode, dann besteht sie vor allem aus einem Gesetz und vier Grundsätzen. Zudem soll sie auch zur Moderation von Konflikten in und zwischen größeren Gruppen geeignet sein: »Im Open Space sind schmerzliche Probleme zwischen Arbeitgebern und Gewerkschaften ebenso wie politische und ethnische Konflikte auf kommunaler oder staatlicher Ebene auf produktive und freundschaftliche Weise gelöst worden, obwohl es sich um sehr große Gruppen handelte (500–800 Teilnehmer), die Planungszeit vor Ort minimal war und formelle Konfliktlösungsverfahren völlig fehlten« (Owen 2001, S. 52).

Vom Ablauf her besteht Open Space darin, dass eine große Gruppe von Betroffenen zu einem Thema im Kreis zusammensitzt, diese Sitzung von dem Moderator in einer ritualisierten Form eröffnet wird und sich dann spontan Kleingruppen zu Teilthemen bilden, die zuvor von daran Interessierten auf Anschlagbrettern bekannt gegeben wurden.

Das eine Gesetz des Open Space ist das »Gesetz der zwei Füße«. Es meint einfach, dass jeder das Recht hat, die Gruppe, in der er arbeitet, zu verlassen, wenn er feststellt, dass er weder etwas beiträgt noch etwas lernt (Owen 2001, S. 49). »Dieses Gesetz versetzt jeden Teilnehmer in die Lage, solange und so oft teilzunehmen, wie er möchte. Entscheidend ist, dass niemand gezwungen wird, sich einer unangenehmen Situation oder einem Konflikt auszusetzen. Doch erstaunlicherweise habe ich auch noch nie erlebt, dass ein Teilnehmer sich gänzlich verabschiedete, obwohl diese Möglichkeit immer gegeben war« (Owen 2001, S. 52). Die Ergebnisse der Gruppenarbeit werden dann auf dem »Marktplatz« an einzelnen Ständen präsentiert und diskutiert.

Die *vier Grundsätze* (Owen 2001, S. 58) des Open Space lauten:
– Wer immer kommt, es sind die richtigen Leute – man darf sich also nicht beschweren, in seiner Gruppe würden nicht die Richtigen sitzen.
– Was immer geschieht, ist das Einzige, was geschehen kann.
– Es fängt an, wenn die Zeit reif ist.
– Vorbei ist vorbei.

Die vier (Erfolgs-)Voraussetzungen (Owen 2001, S. 58) des Open Space sind:
– Ein hohes Maß an Komplexität des Themas.
– Ein hohes Maß an Vielfalt der Menschen, die dieses Thema behandeln sollen.
– Zahlreiche potenzielle oder tatsächliche Konflikte.
– Eine Entscheidung, die spätestens gestern getroffen werden sollte.

Schließlich gibt Owen (2001, S. 58) noch zwei Antriebskräfte für Open Space an, die das Ganze in Schwung bringen: Leidenschaft und Verantwortung (besser: die Bereitschaft, Verantwortung zu übernehmen) bei den Teilnehmern.

Die Rolle des Moderators gleicht im Open Space der eines »Schamanen« (Owen 2001, S. 113): Nachdem er durch eine ritualisierte Eröffnung die Teilnehmer quasi mit dem »Atem« des offenen Raums verzaubert hat, zieht er sich in die Rolle des »Begleiters« zurück, der als Ansprechpartner, aber nicht als aktiver inhaltlicher Impulsgeber zur Verfügung steht. Er nimmt sich scheinbar »Urlaub« und übt die Kunst des Nichttuns (Owen 2001, S. 98f.): Er muss nur mehr präsent sein und loslassen (Owen 2001, S. 114). Gleichwohl impliziert dieses scheinbare Nichtstun ein hohes Maß an Verantwortung für den Prozess (Owen 2001, S. 118) oder den virtuellen oder psychischen Raum, den eine Gruppe braucht.

Ist Open Space nun tatsächlich zur Moderation von Konflikten geeignet? Wir selbst haben dies bislang noch nicht versucht, sondern die Methode nur bei sachorientierten Konferenzen angewandt. Owen dagegen ist felsenfest davon überzeugt, dass man mit Open Space auch Konflikte beheben kann. Er hat dabei ein schier grenzenloses Vertrauen in die Weisheit der »Gruppe«: »Wenn ein Konflikt besteht, gibt man ihm einfach mehr Raum und lässt der gefesselten Leidenschaft freien Lauf, damit sie erschaffen kann, was sie begehrt. Es geht in der Tat darum, die Kontrolle aufzugeben! Doch irgendwie hat jede Gruppe, mit der ich gearbeitet habe, über die kollektive Weisheit und Fähigkeit verfügt, durch praktisch jeden Reiz zu lernen und sich zu entfalten« (Owen 2001, S. 54).

Owens deutsche Epigonen sind da nicht ganz so optimistisch. Für Carole Maleh (2000, S. 38) ist Open Space *keine* Konfliktbewältigungsmethode: »Open Space ist geeignet, um konfliktäre Themen zu behandeln. Doch ist diese Methode nicht zur Schlichtung von Konflikten zweckmäßig. Dazu bedarf es mehr Steuerung, als bei Open Space möglich ist.«

Konfliktmediation – Betroffene zu Mit-Beteiligten machen

Mediation – was ist das eigentlich?

Gerhard Altmann, Heinrich Fiebiger und Rolf Müller etwa führen »vier grundlegende Konfliktlösungsverfahren« ein und bezeichnen mit *Mediation* »alle Verfahren der Konfliktlösung, in denen ein neutraler Dritter ohne eigentliche Entscheidungsgewalt versucht, sich im Streit befindende Parteien auf dem Weg zu einer Einigung zu helfen« (Altmann et al. 1999, S. 27). Genau das versucht aber auch der Moderator: zu verbinden und zu vermitteln, was getrennt wurde und auseinander gegangen ist.

Nun spricht natürlich nichts dagegen, sich locker zurückzulehnen und beide Worte synonym zu verwenden. Es gibt schließlich größere Probleme als das, sich um eine präzise Bestimmung der Worte Moderation und Mediation zu kümmern.

Gäbe es da nicht die Mediation als Schlichtungsverfahren, wie wir es im deutschen Tarifrecht kennen: Immer dann, wenn sich die Situation zwischen den Tarifparteien so zugespitzt hat, dass sie selbst zu einer Einigung nicht mehr in der Lage sind, tritt der Schlichter auf den Plan – wie etwa Ex-Außenminister Hans Dietrich Genscher bei den Verhandlungen der Lufthansa mit ihren Piloten. Folgendes war dazu in der NRZ zu lesen:

»Die Lufthansa-Piloten haben nach monatelangem Tarifstreit eine deutliche Erhöhung ihrer Einkommen durchgesetzt. Sie sollen noch in diesem Jahr Gehaltsverbesserungen von rund 29 Prozent erhalten. Das sieht der Schlichterspruch von Ex-Außenminister Hans-Dietrich Genscher vor, auf den sich Lufthansa und Vereinigung Cockpit für die 4200 Flugkapitäne gestern verständigten. Mindestens die Hälfte der Piloten muss dem Spruch aber noch zustimmen. . . . Genscher sagte, mit dem Spruch gebe es weder Sieger noch Besiegte« (NRZ, 8.6.2001).

Der entscheidende Unterschied zwischen einer bloßen Konfliktmoderation und einer Mediation als Schlichtung liegt darin, dass es einen »Schlichterspruch« gibt. Nicht die Betroffenen selbst finden eine Lösung, sondern der Schlichter tut dies für sie, nachdem er mit beiden Seiten gesprochen hat. Insofern hat das Schlichtungsverfahren mehr Ähnlichkeit mit einer juristischen Verhandlung vor Gericht als mit einer Moderation. Anders aber als ein Richterspruch, besitzt der Spruch des Schlichters *keinen* rechtswirksamen Urteils- oder Entscheidungscharakter. Der Schlichterspruch ist nur ein *Vorschlag*, dem die Konfliktparteien »noch zustimmen« müssen. Insofern sind die Betroffenen bei der Schlichtung an der Entscheidungsfindung noch mit beteiligt und für deren Qualität und Umsetzung mitverantwortlich. Hinzu kommt, dass es – wiederum anders als vor Gericht – keine Sieger und Verlierer geben darf. Ähnlich wie die Konfliktlösung per Moderation sollte auch die Mediation ein »Spiel« sein, bei dem es einen Interessenausgleich gibt, so dass beide Seiten mit dem Gefühl herausgehen können, gegeben *und* genommen zu haben. Im Sinne einer so verstandenen Schlichtung fassen wir im Folgenden das Mediationsverfahren auf.

Mediation – Vorbereitung und Durchführung

Ähnlich wie bei der Konfliktmoderation setzt auch die erfolgreiche Mediation zweierlei voraus: a) eine gediegene sachliche Vorbereitung und b) ein Vertrauen in die methodische und fachliche Kompetenz und in die menschliche Neutralität des Mediators.

Zu a): Vorbereitung ist (fast) alles
Zur Vorbereitung empfehlen wir wieder, entlang der Diagnose- und Design-Stufe des 3-D-Schemas vorzugehen. Entscheidend ist dabei, dass man im Verlauf der Diagnose zu dem Ergebnis kommt, dass man selbst tatsächlich in der Lage ist, den Konflikt erfolgreich zu schlichten. Maßgeblich ist dabei wieder die Prämisse, dass die betroffenen Konfliktparteien einen selbst als neutralen und kompetenten Schlichter ansehen und akzeptieren. Wenn das nicht der Fall ist, sollte man die Finger von der Mediation lassen.

Zu b): Vertrauen ist gut, aber nicht alles
Vertrauen in die fachliche Kompetenz und Integrität des Mediators ist zwar wiederum die entscheidende Voraussetzung, um einen Konflikt erfolgreich zu schlichten. Darüber hinaus sind aber auch technisch-methodische Voraussetzungen wichtig; hier hat sich ein Vorgehen bewährt, das sich an einem fünfstufigen Modell orientiert (s. Tab. 8).

Anders als bei der klassischen Moderation braucht der Schlichter sowohl ein hohes Maß an fachlicher Kompetenz als auch viel Verhandlungserfahrung. Nur so kann er einen sachlich korrekten und beidseits akzeptablen Kompromiss entwickeln und in den Feinheiten und Fallstricken der Wechseldiplomatie zwischen Einzel- und Gruppengesprächen die Übersicht wahren. Nicht zufällig besitzen deshalb erfolgreiche Schlichter fast immer viel Fach- und Verhandlungserfahrung – wie etwa der »Erfinder« der Pendeldiplomatie, Henry Kissinger, oder der ehemaliger IG-Bau-Vorsitzende und Verkehrsminister Georg Leber, der viele Tarifverhandlungen schlichtete.

Tabelle 8: Die fünf Schritte einer Mediation (nach Altmann et al. 1999, S. 67)

1. Erster Kontakt – Vorbereitungen	Der Schlichter informiert die einzelnen Parteien in separaten Gesprächen über die Mediation als Verfahren der Konfliktlösung und sammelt erste Informationen über den Konflikt. Er bereitet die äußeren Rahmenbedingungen vor.
2. Das Eröffnungstreffen	Der Mediator stellt seine Rolle und Verantwortlichkeit sowie die Spielregeln einer Meditation dar. Diese Regeln werden als akzeptiert angesehen und ihr Einhalten durch die Parteien und ihr Einklagen durch den Schlichter vereinbart. Die Parteien erläutern kurz ihre Sicht der Dinge.
3. Einzelgespräche mit den Parteien	Der Mediator sammelt im vertraulichen Gespräch weitere Informationen, die zur Lösung des Konflikts beitragen können. Er bereitet die Parteien auf gemeinsame Sitzungen vor.
4. Gemeinsame Sitzungen und Wechseldiplomatie	Im Verlauf dieser Gespräche entwickelt der Schlichter einen Lösungsvorschlag (Schlichterspruch), den er den Parteien erst in Einzelgesprächen vorstellt, um ihn dann in einer gemeinsamen Sitzung vorläufig verabschieden zu lassen. Wenn es sich bei der Schlichtung um Vertreter von Interessensgruppen handelt, führen diese Delegierten jetzt Klärungsgespräche mit den sie beauftragenden Stellen. Erst danach können sie dem Spruch endgültig zustimmen (oder auch nicht).
5. Das Abschlusstreffen	Der Mediator testet mit den Parteien oder mit deren Vertretern mögliche Schwachstellen des Übereinkommens. Die Parteien(-vertreter) treffen hier eine endgültige Vereinbarung oder sie einigen sich lediglich über einen Teil der Streitpunkte oder sie brechen die Schlichtung ab, ohne eine Einigung erzielt zu haben.

Das Machtwort – Betroffene zu Weisungsempfängern machen

Das Machtwort stellt keine Lösung eines Konflikts dar, aber sein vorläufiges Ende – frei nach dem Sprichwort: Besser ein Ende mit Schrecken als ein Schrecken ohne Ende. Das Machtwort tritt zumeist in der appellativen Form der Anweisung oder des Verbots und manchmal auch als Bestrafung auf. Auf jeden Fall ist es immer dann nötig, wenn die Konfliktparteien sich selbst auf keine gemeinsame Lösung einigen oder einem Schlichterspruch zustimmen konnten.

In seinen klassischen Formulierungen lautet es: »Sie machen jetzt ...!«, »Du lässt jetzt die Finger davon ...!«, »Zur Strafe müsst ihr ...!«, und signalisiert damit zugleich das Ende der Diskussion. Inhaltlich ist das Machtwort dabei in zwei Varianten möglich: Entweder es fordert organisatorische Konsequenzen – dass etwa zwei Schüler auseinander gesetzt werden oder eine Abteilung umorganisiert wird – oder es postuliert Konsequenzen für das Verhalten der Betroffenen – dass beispielsweise anders miteinander umgegangen wird oder regelmäßige Gespräche stattfinden.

Auch als Bestrafung tritt das Machtwort in diesen beiden Formen auf: als Entlassung, Schulverweis, Eintrag in die Personalakte (organisatorische Strafen) oder eben als Mehrarbeit, Nachsitzen, Stubenarrest (Verhaltensstrafen). Entscheidend ist dabei, dass die Betroffenen – anders als bei der Moderation oder der Schlichtung – hier *keine Mitsprache-* oder Mitgestaltungsmöglichkeit mehr haben.

Wer kann nun das Machtwort sprechen? Eigentlich ist die Antwort ganz einfach: Der, der die Macht hat. Aber damit wird die Sache auch schon wieder kompliziert, denn wer wirklich die Macht hat, ist weder in Familien noch in Firmen, Vereinen und Verwaltungen immer so ganz klar.

Macht hat nach der Definition des Soziologen Max Weber (1976) immer die Person, die die Chance besitzt, ihren Willen auch gegen Widerstand durchzusetzen. Wenn der sechsjährige Willi von seiner Mutter sein Eis bekommt, dann hat er seinen

Willen genauso durchgesetzt wie der große Frank (31 Jahre), der bei seinem Chef eine Gehaltserhöhung erreicht hat oder die smarte Judith (22 Jahre), die ihrem Lover ein sündhaft teures Kleid abringen konnte.

Macht hat in sozialen Beziehungen nicht immer der, der die hierarchisch höhere Position besetzt. Macht hat eigentlich immer nur der, der eine Ressource besitzt, die der andere nicht hat, aber haben möchte oder haben muss: In unseren Beispielen Liebe, Leistung und Zuneigung. Insofern ist der Begriff amorph besetzt: »Alle denkbaren Qualitäten eines Menschen und alle denkbaren Konstellationen können jemand in die Lage versetzen, seinen Willen in einer gegebenen Situation durchzusetzen« (Weber 1976, S. 28f.)

Nun kann aber nicht jeder, der Macht hat, auch ein Machtwort sprechen. Das setzt nämlich mehr voraus, als dann und wann mal seinen Willen durchzusetzen. Ein Machtwort kann nur jemand sprechen, der über eine andere Person *herrscht*, der also die Chance hat »für einen *Befehl* Fügsamkeit zu finden« (Weber 1976, S. 29). Ein Machtwort kann deshalb in sozialen Beziehungen und Organisationen nur der sprechen, der
– eine sozial sanktionierte Weisungsbefugnis hat,
– die Autorität besitzt, dieses auch anwenden zu können und
– den Mut hat, es auch durchzusetzen.

Beides haben weder Willi noch Frank, sondern die Mutter und der Vorgesetzte. In Judiths Beziehung kann eigentlich gar keiner ein echtes oder offizielles Machtwort sprechen, weil die dazu nötige sozial sanktionierte hierarchische Ordnung fehlt.

Was nämlich die *Weisungsbefugnis* anbelangt, wird sie durch das geltende Recht sanktioniert – in unseren Beispielen durch das Familien- und Betriebsverfassungsgesetz. Aus ihnen gehen die Rechte und Pflichten der Eltern und Vorgesetzten hervor. Auf so etwas kann sich weder Judith noch ihr Freund berufen. Gleichwohl wird es wahrscheinlich auch in solchen Beziehungen immer wieder so etwas Ähnliches wie ein Machtwort geben. Und wer weiß, vielleicht »beherrscht« Judith ihren Lover sogar, wenn er ihr jeden Wunsch von den Lippen abliest und sie für jeden ihrer Befehle Fügsamkeit findet. Umgekehrt kennen wir alle Eltern und Vorgesetzte, die trotz Weisungsbefugnis nie ein Machtwort sprechen.

Was Judith ihnen voraushat, ist wahrscheinlich zweierlei: Erstens akzeptiert ihr Freund ihre Autorität als Befehlsgeberin und zweitens hat sie den Mut, das Machtwort ihm gegenüber auch auszusprechen.

An beidem scheint es vielen Familienvorständen und Vorgesetzten heute zu mangeln: Die Kinder und Mitarbeiter akzeptieren sie nicht als Autorität, und oft fehlt ihnen auch das Selbstvertrauen, ein Machtwort zu sprechen. Beides hängt natürlich eng miteinander zusammen. Wer aber diesen Teufelskreis nicht durchbricht und den Mut aufbringt, ein Machtwort zu sprechen, wird als Konfliktmanager gnadenlos scheitern.

■ Der Vorgesetzte als Konfliktmanager

Hundstage: Seit Wochen klettert das Thermometer jeden Tag auf 35 Grad und sinkt auch nachts nie unter 24 Grad. Die Hitze ist drückend schwül, Wind kennt man in den Großstadtschluchten nur noch aus dem Fernsehen und dem letzten Seeurlaub. Den ganzen Tag über kleben einem die Kleider auf der Haut und man fühlt sich schon zwei Minuten nach der Dusche wie im dritten Saunagang. – Und dann endlich das befreiende Gewitter. Die Luft wird klarer, der Körper trockener und der Kopf wieder heller.

Genauso ergeht es vielen Mitarbeitern, wenn nach der wochenlangen Schwüle eines schwelenden Konflikts der Vorgesetzte endlich das Machtwort spricht. Ein reinigendes Gewitter ist das.

Nun stellt das Machtwort aber nur *ein* Mittel im Konfliktmanagement dar. Welche anderen dem Vorgesetzten noch zur Verfügung stehen und was es überhaupt heißt, als Vorgesetzter auch Konfliktmanager zu sein, wollen wir im Folgenden näher klären.

Zuvor sei allerdings – als Überleitung zum Thema Konfliktmanagement – das bislang zum Thema Konflikt Gesagte stichwortartig resümiert. Nach unserer Ansicht sind Konflikte

– von ihrem Kern her *eingebildete Täter-Opfer-Beziehungen*, bei denen sich Menschen durch andere Menschen, deren Produkte oder symbolhafte Stellvertreter (etwa dem Gewissen) in ihrer Identität bedroht fühlen. Und zwar relativ unabhängig davon, ob die anderen Menschen das auch tatsächlich wollen;
– stets *durch Kommunikationen veranlasst*. Es findet also immer ein verbaler oder nonverbaler Austausch mit Wahrnehmung und Interpretation von mit Sinn besetzten Zeichen statt, bevor der Konflikt hervorbricht. Und zwar unabhängig davon, ob es sich um einen Gewissens- oder Interessenskonflikt handelt. Von hier aus sind Konflikte *immer sozial* vermittelt;

– nur möglich, wenn sich soziale Strukturen oder *Unterschiede zu Gegensätzen* entwickeln. Und das ist vor allem immer dann der Fall, wenn sie in der gegebenen Form ihre Funktion nicht mehr erfüllen können. Hinter den subjektiven Ängsten stehen somit oft objektive Defizite sozialer Systeme.

Unabhängig davon aber sind Konflikte eine für das menschliche Zusammenleben notwendige Spannungslage, die für kreativen Fortschritt und Engagement wichtig ist.
Von hier aus sollte Konfliktmanagement
– *nicht* versuchen, Konflikte per se vermeiden oder beseitigen zu wollen: Es kann nur darum gehen, das Maß und die Menge von Konflikten so zu gestalten, dass sie für das sachliche und emotionale Zusammenleben und -arbeiten konstruktiv bleiben;
– *immer* bestrebt sein, vor der Intervention die Analyse der Lage und die Planung von Maßnahmen zu schalten, also nach dem Dreischritt-Schema Diagnose – Design – Durchführung vorzugehen;
– sehen, dass man *nicht immer aktiv* eingreifen muss – manchmal löst sich ein Konflikt auch »von selbst«, überhaupt ist eine Strategie, bei der die Betroffenen selbst die Lösung finden, zunächst jeder anderen vorzuziehen;
– wissen, dass man grob gegliedert zwischen *vier Konfliktmanagementstrategien* unterscheiden kann:
  • der Prophylaxe,
  • der Moderation,
  • der Mediation und
  • dem Machtwort.

All das gilt nun unabhängig davon, ob es sich um Konflikte in Familien, Schulklassen, Fußballmannschaften oder Firmen handelt oder ob Eltern oder Kinder, Lehrer oder Schüler, Trainer oder Spieler beziehungsweise Vorgesetzter oder Mitarbeiter den Konflikt managen wollen.
Die Differenzen werden deutlich, wenn man sich den Besonderheiten dieser unterschiedlichen sozialen Systeme und Rollen

zuwendet. Unser Thema ist nun das Management von Konflikten beim *Führen in professionellen Organisationen* wie Firmen und Verwaltungen. Bevor wir darum die vier Konfliktmanagementstrategien näher vorstellen, wollen wir zunächst zwei Fragen diskutieren:
- Was sind die typischen Konfliktfelder in *professionellen Organisationen* und wie kann man damit umgehen?
- Was sind die typischen Konfliktfelder des *Führens* in professionellen Organisationen und wie ist damit umzugehen?

▪ Die typischen Konfliktfelder in professionellen Organisationen und wie Vorgesetzte damit umgehen können

Organisationen, die per se konflikthaften sozialen Gebilde

Dilemma 1: Menschen bilden Organisationen – aber nur Menschen sind ihre Organisationen fremd und äußerlich

Organisationen sind soziale Zweckverbände, die *solche* Funktionen rational, das heißt arbeitsteilig koordiniert, geplant und regelmäßig, verwirklichen sollen, die Menschen allein nicht mehr erbringen können: Die Produktion und Sicherung eines Mobilfunknetzes durch ein Telekommunikationsunternehmen gehört genauso dazu wie die Sicherung von Recht und Ordnung in einer Gemeinschaft durch die Stadtverwaltung.

Glaubt man dem Evolutionsbiologen Josef H. Reichholf, dann scheinen sich Menschen und Ameisen in vielerlei Hinsicht mehr zu gleichen als Menschen und Schimpansen (Reichholf 2001, S. 7). Anders als die uns sehr artverwandten Schimpansen – aber ähnlich wie wir – bilden nämlich auch Ameisen staatsähnliche Großorganisationen. Und diese Ameisen-»Staaten« stehen in puncto Komplexität der Arbeitsteilung und Infrastruktur den menschlichen Großorganisationen um nichts nach.

Allerdings gibt es keine einzige Ameise, die ihren Staat als etwas Äußerliches betrachtet, auf das sie kritisch, lobend oder einfach so blickt. Genau das aber tun wir Menschen. Obgleich also Organisationen aus nichts anderem als aus menschlichem Handeln, das heißt aus unseren Gedanken (Erwartungen), Gefühlen, Entscheidungen und Kommunikationen bestehen, und die Menschen freiwillig in sie eingetreten sind, tun wir andauernd so, als ob die Firma oder Verwaltung, in der wir arbeiten, eine Art Klotz wäre, der neben uns steht und eigentlich nichts mit uns *als* Individuen zu tun hat.

Wahrscheinlich liegt das daran, dass Menschen eben nicht nur zweckrationale Wesen sind, die wie perfekte Ameisen funktionieren (wollen). Wir brauchen auch Freiheit, Spontaneität und Kreativität – wie wir sie in der assoziativen Lockerheit von Alltagsgesprächen auf der Straße, im Café oder im Biergarten so schätzen.

Solch eine Unverbindlichkeit ist dem organisierten Handeln *als* organisiertem Handeln jedoch fremd. Denn anders als die Interaktion im Biergarten sind Organisationen auf Dauer eingerichtet, um
– durch ein arbeitsteiliges Zusammenspiel der Mitglieder ein bestimmtes Ziel regelmäßig zu erreichen (Fuchs et al. 1978, S. 548),
– Informationen zu Entscheidungen zu verarbeiten und
– den dazu nötigen kommunikativen Austausch zu garantieren. Organisationsgespräche sind deshalb relativ streng regelgebunden und zielorientiert. Es ist also kein Mangel, sondern wesentliches Merkmal von Organisationen, dass sie Gesprächs- oder Kommunikationsmöglichkeiten einschränken und spontane, fluktuierende und relativ ungeordnete Kommunikationen disziplinieren.

Es versteht sich fast von selbst, dass diese unterschiedliche Disposition zwischen Individuum und Organisation einen Konfliktherd darstellt, der jederzeit heiß werden und explodieren kann.

Der andere Grund für dieses eigenartig äußerliche Verhältnis zwischen Individuum und Organisation dürfte darin liegen, dass Firmen und Verwaltungen, in die ein Mensch eintreten will, bereits *vor ihm* existierten und auch ohne seinen Eintritt weiter existieren. »Das Motiv des Eintretenden spielt aus der Perspektive der Organisation zunächst kaum eine Rolle« (Baitsch 1993, S. 61).

Nun mag es zwar nichts Besonderes sein, dass man das Neue als unbekannt und fremd empfindet. So wie man sich auch im neuen Urlaubsland erst orientieren muss, so ist der Neuling in einer Firma oder Abteilung mit zum Teil unbekannten Aufgaben, Abläufen, Verfahren, Normen, Gewohnheiten und Erwartungen konfrontiert, die ihn verunsichern.

Wirklich virulent wird solch ein Konfliktherd aber erst dann, wenn die Verunsicherung nicht abnimmt oder erst im Lauf des Arbeitslebens entsteht und steigt. Wenn sich jemand in einer Firma bereits wohl und eingearbeitet fühlt und plötzlich mit dem Eindruck zu kämpfen hat, fremd und nicht mehr akzeptiert zu sein, dann hat er einen echten Konflikt.

Dilemma 2: Menschen verfolgen Ziele –
Organisationen erfüllen Zwecke

Wir reden zwar im Alltag von Organisationen wie der Firma Microsoft oder der Stadtverwaltung Schweinfurt, als ob sie vor uns stünden wie das MS-Office-Paket oder der Wagen des Oberbürgermeisters. Die Software ist tatsächlich aber ein *Produkt* von Microsoft und nicht mit dieser Firma identisch. Und Schweinfurts Oberbürgermeister *repräsentiert* zwar die Verwaltung oft in und mit seinem schwarzen Mercedes. Aber weder ist dieses Fahrzeug mit ihm identisch, noch mit seiner Funktion und schon gar nicht mit der Stadtverwaltung.

Kurz: Kein Mensch hat je eine Großorganisation gesehen oder sinnlich wahrgenommen. Das kann man auch gar nicht. Es gibt sie *als solche* nämlich nur in unserer Vorstellung. Organisationen sind rein ideelle Gebilde!

Das gilt übrigens auch schon für kleine, überschaubare Organisationseinheiten. Die vier Kegelschwestern, die sich »organisieren«, um den Kegelverein »Alle Neune« zu gründen, *sind nicht* der Verein, sondern nur dessen Mitglieder. Eine Organisation ist eben nicht identisch mit der Summe der Personen, die zu ihr gehören.

Für moderne Organisationssoziologen bestehen Organisationen deshalb nicht aus Menschen, sondern nur aus menschlichen Handlungen (Bußkamp 1998, S. 98). Und für noch modernere Soziologen bestehen sie nur noch aus ganz bestimmten Handlungen, nämlich aus Kommunikationshandlungen. Organisationen sind hier nur noch soziale Systeme zur Kommunikation von Entscheidungen (Luhmann 1993).

Wir wollen hier aber kein organisationssoziologisches Seminar abhalten. Worauf es uns ankommt, ist ein kleiner, aber feiner Unterschied, der aus der sinnlich und personal unfassbaren Gestalt von Organisationen folgt und der für die Konflikte in ihnen wichtige Konsequenzen hat: Organisationen erfüllen zwar (soziale) Zwecke, aber sie können sich keine Ziele setzen. Das können nur konkrete Menschen, also Wesen, die sowohl eine sinnliche Existenz als auch die Fähigkeit zur intellektuellen Reflexion und der Freiheit des Willens haben!

Menschen sind (wahrscheinlich) die einzigen Wesen, die sich die Zwecke ihres Handelns bewusst und frei selbst setzen können. Solch einen Zweck nennt man dann Absicht oder Ziel. Zwar werden die Wörter Zweck und Ziel gern synonym verwandt. Etymologisch und auch psychologisch gesehen beziehen sie sich jedoch auf völlig unterschiedliche Sachverhalte.

»Zweck« stammt vom Althochdeutschen »zwec«, dem Nagel, Stift aus Holz oder Eisen ab, bezeichnet also von jeher eine dem Denken eher *äußerliche* Angelegenheit. Das Wort »Ziel« dagegen leitet sich von »zilén« ab, was soviel wie »sich bemühen« oder »anstrengen« meint und damit einen eher subjektimmanenten Aspekt beschreibt (Etymologisches Wörterbuch des Deutschen 1997). Vom subjektiven Erleben her stellt ein Ziel denn auch das dar, was als »konkrete Beschreibung eines gewünschten Zustandes zu einem festgelegten Zeitpunkt« (Meier 1995, S. 13) vom Kopf das Handeln bestimmt. Während wir mit dem Wort »Zweck« eine eher »äußere« und allgemeinere Funktionalität

(»Zweckmäßigkeit«) assoziieren. Deshalb gibt es beim Hundertmeterlauf auch keine Zweck-, sondern nur eine *Ziel*-Linie.

Ziele oder Absichten sind also nicht identisch mit Zwecken. Ein Zweck ist der Nutzen oder die Funktion eines Systems. Ziele dagegen sind das, was sich die Menschen in diesen Systemen für ihr Handeln jeweils vornehmen. So können sie sich bei ihrer Arbeit auch solche Ziele setzen, die mit dem, was von ihnen in der Firma, der Schule oder der Verwaltung verlangt wird, recht wenig zu tun haben – beispielsweise möglichst wenig zu arbeiten, den Lottoschein auszufüllen oder Näheres über Kollege Meyers »neue Flamme« zu erfahren.

Im Prinzip ist es also nicht selbstverständlich, dass die Ziele, die sich Menschen individuell *bei* ihrer Arbeit setzen, mit den Zwecken übereinstimmen, die die Organisation erfüllen muss, *in* der sie arbeiten. Und auch das ist ein latenter Konfliktherd.

Dilemma 3: Die Einheit von Statik und Bewegung

»Die Organisation setzt der ungeordneten Welt Ordnung entgegen« (Bußkamp 1998, S. 79). Und diese Ordnung besteht letzthin darin, dass man in einer Organisation weniger darf als außerhalb von ihr. Es gibt nämlich Regeln, Routinen und Entscheidungen, die das Verhalten der Mitglieder einengen. Auf der wöchentlichen Abteilungsbesprechung muss man sich an die Tagesordnung halten und kann nicht einfach die Zahnschmerzen der eigenen Tochter zum Thema machen. Und das, obgleich einen deren Wohlergehen wahrscheinlich viel mehr interessiert, als die Kostenkalkulation der Buchhaltung, über die gerade breit und monoton gesprochen wird.

Der Soziologe Niklas Luhmann (1993) nannte das »Reduktion der Komplexität«. Durch diese Reduktion schaffen Organisationen Verhaltens- und Handlungssicherheit. Und das ist die evolutionäre Errungenschaft, die mit organisiertem Verhalten verbunden ist. Denn nur durch Organisation ist ein arbeitsteilig verlässliches Zusammenarbeiten möglich, das wieder die Grenzen der je eigenen Fähigkeiten und Fertigkeiten fast unbegrenzt zu steigern vermag. Diesen Vorteil von Organisationen nutzten schon unserer archaischen Vorfahren: Organisiert und diszipliniert konnten sie Tiere wie Mammuts, Büffel und Tiger jagen, die für jeden Einzelnen von ihnen unerreichbar gewesen wären.

Bei all dem modernen Gerede über lernende Organisationen, offene Systeme oder »Räume« (vgl. Senge et al. 1996) wird gern übersehen, dass Organisationen *als* Organisationen originär konservative Gebilde sind, die sich genau durch diesen konservativen Charakter von ihrer Umwelt abgrenzen. Sie sollen das Unberechenbare – menschliches Handeln und Zusammenleben – berechenbar machen. Darum wird in ihnen immer eingeschränkt(er), diszipliniert(er) und reguliert(er) gehandelt werden müssen als außerhalb von ihnen. Die Organisationsgrenzen, die dadurch gezogen werden, »sind wie Zellmembranen, die gleichzeitig die Zelle abschließen und für Austauschbeziehungen mit anderen Zellen öffnen. ... Eine grenzenlose Organisation wäre demnach nicht überlebensfähig, sie würde gar nicht existieren« (Kühl 1998, S. 87).

Das allein ist aber noch nicht der dauernd virulente Konfliktherd, mit dem wir es vor allem heute zu tun haben. Dieser Konfliktherd hat mit zwei gegenläufigen Mechanismen zu tun:
- Aufseiten der Organisation mit dem Mechanismus, dass sie Bewährtes konserviert. Eine Organisationsstruktur, die sich bewährt hat, tendiert dazu, auch dann noch weiter zu bestehen, wenn sie sich nicht mehr bewährt. Heute nennt man solche eine Organisation dann bürokratisch. Dass es sie zuhauf gibt, ist aber aus dem Unterschied zwischen Organisationszweck und den Zielen der in ihr Tätigen leicht zu erklären: Selbst eine Organisation, die ihren Zweck nicht mehr erfüllt (eine Verwaltung, die schlecht verwaltet, eine Firma, die keine Gewinne mehr macht), kann für die in ihr tätigen Menschen überaus nützliche Ziele nach Macht, Einkommen, sozialen Kontakten erfüllen.
- Und aufseiten der Individuen mit dem Phänomen, dass die Menschen heute weniger der Pflicht und Außensteuerung folgen als früher. Stattdessen wollen sie mehr Freiheit, Eigenständigkeit und Selbstverantwortung. »Suche deine eigene Ein-

sicht und folge ihr!« ist für Sprenger der kategorische Imperativ des modernen Individuums (Sprenger 2002, S. 18f.).

Man braucht nicht viel soziologische Fantasie zu haben, um das Konfliktpotenzial zu erahnen, das aus diesen beiden gegenläufigen Bewegungen resultiert.

Dilemma 4: Je offener die Kommunikation, um so konfliktreicher wird sie

Was sind nun Organisationen, wenn sie weder etwas Gegenständliches noch eine Person sind? Eigentlich sind Organisationen nichts anderes als Kommunikationssysteme: Wenn Menschen zur Erreichung eines bestimmten Ziels entscheidungsorientiert miteinander Informationen austauschen, dann sind sie »organisiert«. Wenn sie dies in regelmäßig wiederkehrender Form machen, dann bilden sie eine »Organisation«:

Unsere Vorfahren wollten ein Großwild erlegen – das war das gemeinsame Ziel, dazu mussten einige von ihnen vor, während und nach der Jagd miteinander Informationen austauschen und Entscheidungen treffen. Wenn sie regelmäßig jagen gingen, standen die Grobkonturen dieser Jagdorganisation schon fest – irgendwann war schon im Vorhinein klar, wer was wann wie zu tun hatte und welche Informationen er dazu brauchte. Der Treiber musste anderes wissen, tun und mitteilen als der eigentliche Jäger. Jeder wusste so, was von ihm erwartet wurde und welches Wissen er dazu benötigte und was er davon an andere weitergeben musste. Und der Schamane war wahrscheinlich der Erste, der einen »heißen Draht« zu überirdischen Mächten hatte. Damit verfügte er sowohl über ein Geheimwissen als auch über eine Geheimsprache, durch die er dieses Wissen erhielt und es anderen mitteilte.

Von hier aus sind soziale Organisationen als Kommunikationssysteme nichts anderes als *Erwartungsstrukturen* darüber, was wer wem wann mitzuteilen hat, damit er erfolgreich entscheiden und handeln kann. Niemand braucht alles zu wissen, sondern nur all das, was er braucht, um sinnvoll arbeiten zu können. Der Treiber musste entscheiden, wann er genau das Wild treiben musste, der Jäger, wann der richtige Augenblick gekommen war, den Speer zu werfen, und der Schamane, wann die Götter wohlgesonnen waren. Das macht die Arbeitserleichterung organisierten Handelns aus. Und die Hierarchie machte sich daran fest, wer über das Entscheiden anderer zu entscheiden hatte. Das war zumeist der Häuptling oder Schamane, der – nach Kommunikation mit den Göttern – entschied, wann die Jagd genau beginnen sollte.

Daran hat sich bis heute im Prinzip nichts geändert. Nur dass das alles in Firmen und Verwaltungen viel komplizierter und formalisierter geworden ist. Aber letzthin geht es immer nur darum, Informationen *so* auszutauschen, dass die richtigen Entscheidungen zum richtigen Zeitpunkt gefällt werden – unabhängig davon, ob es sich darum handelt, eine Investition zu tätigen, eine Produktlinie vom Markt zu nehmen, einen Antrag auf Sozialhilfe zu genehmigen oder ein Großwild zu jagen.

Und selbst bei so modernen Unternehmen wie Microsoft macht sich die Hierarchie oder Machtstruktur noch immer an der Chance fest, über das Entscheiden anderer zu entscheiden. Denn letzthin entscheidet bei Microsoft immer Bill Gates – nach Kommunikation mit diversen Beratern und Marktforschungsinstituten – über die Produktstrategie, die verfolgt wird.

Konflikthaft ist das alles deshalb, weil nicht selten Informationen zu spät oder zu wenig fließen, miss- oder unverständlich formuliert werden oder fehlerhaft sind und deshalb Entscheidungen zu früh, zu spät oder gar nicht gefällt werden oder ganz einfach falsch sind.

Da fühlt man sich als »Entscheider« schnell als »Opfer« seiner Informanten, und zwar unabhängig davon, ob man Vorgesetzter ist und vom Terminmanagement seiner Sekretärin abhängt oder ob man als Mitarbeiter meint, zu wenig Informationen von seinem Chef erhalten zu haben. Dieser Konfliktherd nimmt in dem Maß an Bedeutung zu, wie
– Medien wie Intra- und Internet das Bedürfnis nach »umfassender« Information erzeugen,
– sich wandelnde Märkte, Trends und Kundenwünsche flexible-

re und schlankere Hierarchien und offenere Kommunikationskulturen erfordern.

Das eine erzeugt eine nie zu erfüllende Erwartungshaltung nach umfassender Information. Das andere hat zur Folge, dass die Macht-Chance heute primär an der Chance festgemacht wird, über (Herrschafts-)Wissen zu verfügen.

Es ist deshalb eine Illusion, zu glauben, dass moderne Organisationen mit weniger Konflikten zu kämpfen haben. Eher das Gegenteil ist der Fall: »Jede Vereinfachung steigert Komplexität, und zwar eine Komplexität, die nicht irgendwo anfällt, sondern genau da, wo vereinfacht wurde ... Das Einfache ist nicht der Gegenbegriff zum Komplexen, sondern ein Moment der zur Steigerung der Komplexität beitragenden Komplexitätsbewältigung« (Kühl 1998, S. 118). So führt der Abbau von Zeitpuffern zu erhöhter Störanfälligkeit. »Das Komplexitätsdilemma für postbürokratische Unternehmen besteht darin, daß angesichts der Unübersichtlichkeit und Komplexität inner- und außerhalb der Organisation die Mitarbeiter nach einfachen, schlanken, komplexitätsreduzierenden Strukturen lechzen, aber gerade diese zu einer weiteren Steigerung der Unübersichtlichkeit führen würden« (Kühl 1998, S. 119).

Wie mit Konfliktfeldern umgehen?

Viele der eben aufgeführten Konfliktfelder sind nicht neu. Weshalb entzünden sich aber gerade in neuerer Zeit so viele und so große Konflikte an ihnen?

Unseres Erachtens korrespondiert dieses Phänomen nicht zufällig mit einer Zeiterscheinung, die sich in zwei Wörter kleiden lässt: *Verunsicherung* und *Angst*. Angst kann man aber schon allein dadurch abbauen, dass man Schuldige dafür findet, dass man Angst hat. Denn gegen diese Schuldigen kann man sich *aktiv* wehren, und sei es nur so, dass man wütend auf sie ist. Das entlastet. Derart wird das *Angst-* zum *Konfliktgefühl*, das im eingebildeten Täter (dem Chef, dem Kollegen, den Eltern, dem

Partner) einen konkreten *Gegner* hat, mit dem man sich auseinander setzen kann. Ernst Bloch (1959, S. 1) nannte diese bestimmte Angst Furcht: Menschen fällt es offenbar viel leichter, sich zu fürchten als Angst zu haben.

Wodurch wird nun aber die gegenwärtige Verunsicherung in Firmen und Verwaltungen erzeugt? Wie jede Verunsicherung entsteht sie ganz allgemein durch den Abbau von Sicherheit, durch den Wegfall des Gewohnten. Und hier kann man in unseren Institutionen vor allem fünf radikale Veränderungen feststellen:
– den Wandel der Wertorientierungen,
– die Ausweitung der Rollenerwartungen,
– das Aufweichen fester Organisationsstrukturen,
– die leichtere Lösung von Beschäftigungsverhältnissen sowie
– eine Krise in der Glaubwürdigkeit.

Als relativ neues Phänomen ist eine Erscheinung zu beobachten, die unter dem simplen Stichwort »Flexibilität« daherkommt. Hinter ihm verbirgt sich aber oft nichts anderes, als das Schwinden klarer Rollenerwartungen bis hin zu dem Extrem, dass man einfach alles können muss.

Beispiel Führungskraft: Eine Umfrage unter den 600 größten Unternehmen in Deutschland, welche Managementqualitäten sie verlangen, ergab folgendes Bild: unternehmerisch denkend, teambildend, kommunikativ, visionär, international ausgerichtet, ökologisch orientiert, sozial orientiert (Malik 2000, S. 16). Fredmund Malik hält es darum für »keine unfaire Verkürzung, wenn man sagt, dass durch die Anforderungskataloge im Wesentlichen das Bild eines *Universalgenies* gezeichnet wird. Auf eigentümliche Weise ist die Vorstellung in die Welt gekommen, Manager ... müssten eine Kreuzung aus einem antiken Feldherrn, einem Nobelpreisträger für Physik und einem Fernseh-Showmaster sein« (Malik 2000, S. 17), ohne dabei allerdings älter als 30 zu sein. Im Vergleich zu dem Bild dieses Universalgenies, muss jeder reale »Manager« schlecht aussehen und sich möglicherweise auch schlecht fühlen, weil er immer eine der vielen extrem hohen Rollenerwartungen nicht erfüllen kann.

Was die *Strukturen* von Organisationen anbelangt, ist heute

nichts so sicher wie der Wandel. Das gilt auch für Verwaltungen. Während es immerhin etwa 150 Jahre gedauert hat, bis Anfang der neunziger Jahre des letzten Jahrhunderts die einst von Freiherr vom Stein konzipierte Struktur der Kommunalverwaltung grundsätzlich reformiert wurde, kann man in heutigen Stadtverwaltungen nicht mehr sicher sein, ob es die eigene Position, den eigenen Fachbereich oder das eigene Dezernat so im nächsten Jahr noch geben wird. Auch Laien leuchtet ein, dass das Menschen enorm verunsichern muss, deren entscheidendes Eintrittsmotiv in die Organisation »öffentliche Verwaltung« die Sicherheit war, sich *nicht* verändern zu müssen.
Private Firmen sind inzwischen schon soweit, dass auch das eigene Büro als solches verschwindet. Jeremy Rifkin zitiert dazu zwei Beispiele von Procter & Gamble und IBM: »In den neuen Gebäuden von Procter and Gamble im Norden v. Cincinnati arbeiten die Teams in offenen, auch ›Häfen‹ genannten Räumen. Akten sind mobil in Rollcontainern untergebracht. Versammlungsräume und andere große Bereiche bieten eine anregende, das Brainstorming in den Gruppen fördernde Atmosphäre. Selbst Flure wurden verbreitert und mit Sofas bestückt: Raum für kurze spontane Gespräche.« Vorstandsmitglied Jones erwartet, dass die Vernetzung in offenen Räumen einen Produktivitätszuwachs von 20–30 Prozent bringen wird. Denn »die Informationen werden direkt und gemeinsam genutzt, das führt zu qualitativ besseren und schnelleren Entscheidungen.« Auch bei IBM wurden in vielen Bereichen die eigenen Schreibtische und Büros der Mitarbeiter abgeschafft. Die Angestellten sind gehalten, ihre persönlichen Dinge zu reduzieren und mobiler zu werden. Mit Mobiltelefonen und Laptops ausgestattet, sollen sie ihre Zeit effektiver nutzen, indem sie von zu Hause aus oder in den Büros ihrer Kunden arbeiten. Die Mitarbeiter können Workstations, Büros oder Versammlungsräume im Voraus reservieren. Die Hauptverwaltungen mutieren so zu einer Art Hotel. Das hat bei IBM durch Raummanagement, Schließung ungenutzter Büros und Umzug an preiswertere Standorte Overhead-Kosteneinsparungen von 1,4 Milliarden Dollar

erbracht (Rifkin 2000, S. 45f.). Über die psychischen Kosten dieser »Entmaterialisierung« des privaten Büroraums ist noch nichts bekannt.

Die *Lockerung der Beschäftigungsverhältnisse* betrifft zurzeit noch vor allem frei wirtschaftende Firmen. So lang sind die Zeiten nicht vorbei, dass ein Arbeitsplatz nicht nur bei der Post oder der Stadt, sondern auch bei Krupp, Daimler, Siemens oder IBM einer Lebensanstellung gleichkam. Damals (das heißt bis weit in die neunziger Jahre des letzten Jahrhunderts hinein!) war es für die meisten Firmen eine moralische Verpflichtung, ihre Beschäftigten auch in schlechten Zeiten zu behalten. Zumindest war es damals völlig undenkbar, Mitarbeiter zu entlassen, wenn es der Firma *gut* ging. Das ist heute nicht mehr so. Nicht nur, dass selbst Firmen wie Siemens und DaimlerChrysler das Ideal der lebenslangen Anstellung als bürokratischen Ballast über Bord geworfen haben. Was Beschäftigte noch viel mehr verunsichert, ist die Tatsache, dass man heute selbst dann nicht mehr einen sichereren Arbeitsplatz hat, wenn es der Firma gut geht. Auch erfolgreiche Unternehmen, die satte Gewinne einfahren und einen hohen Aktienwert besitzen, laufen Gefahr, aufgekauft und zerschlagen zu werden. Mit dramatischen Folgen für das Personal. Der Schock, den die Übernahme der Düsseldorfer Mannesmann AG durch die britische Firma Vodafone ausgelöst hat, ist genau auf diesen Wandel der bisherigen »Wirtschaftsethik« zurückzuführen.

Und die *Glaubwürdigkeit*? Glaubt man Reinhard K. Sprenger, dann ist sie heute in eine dramatische Krise geraten. Der Grund: Inhalt und Form vieler Unternehmensbotschaften widersprechen sich: »›Wir führen dialogisch!‹ Oberster Führungsgrundsatz eines deutschen Pharmaherstellers. Top down vom Vorstand erlassen. Entschieden monologisch. Die Form sagt, daß der Inhalt gelogen ist« (Sprenger 1995, S. 222).

Nach Burkhard Sievers weisen inzwischen die meisten unserer Institutionen eine eigenartige Spaltung zwischen »ihren verbindlichen Mythen einerseits und der tatsächlichen Erfahrung ihrer Mitglieder andererseits auf. Da gibt es offene Widersprüche zwischen Führungsrichtlinien und anderen Vorschriften; verdeckte Widersprüche zwischen Unternehmensleitsätzen und gelebter Wirklichkeit; das Belohnungsverhalten und gelebter Wirklichkeit; das Belohnungsverhalten des Unternehmens spricht eine andere Sprache als die proklamierte Moral: da wird eine sozial völlig unfähige Führungskraft bis in die Top-Etage hoch befördert, während die Unternehmensleitsätze die ›kommunikative Kompetenz‹ als obersten Kulturwert ausweisen« (Sprenger 1995, S. 222f.).

Auch sehr häufig zu finden: der mangelnde Mut zur klaren, bezugsfähigen Wert-Entscheidung. Stattdessen dominiert die »ewige Hochzeit von Einerseits und Andererseits« (Sprenger 1995, S. 231) wie:
– Sei teamfähig! – Aber setz dich durch!
– Sei kooperativ! – Aber stich deinen internen Konkurrenten aus!
– Sei Kundenorientiert! Aber denk vor allem an den Umsatz!

Was nun ist zu tun gegen diese Verunsicherung der Organisationsmitglieder durch sich stetig wandelnde Werte, Rollenkonflikte, zunehmend unsichere Beschäftigungsverhältnisse und abnehmendes Vertrauen in die eigene Leitung?

Als Organisationen können Firmen und Verwaltungen gar nichts tun. Dazu sind nur die in ihnen arbeitenden Menschen in der Lage. Und hier kommt es vor allem auf diejenigen an, die über das Entscheiden anderer zu entscheiden haben: die Vorgesetzten!

Aber auch diese sind nicht in der Lage, den Wertewandel aufzuhalten oder die Rollenkonflikte des Einzelnen zu lösen. Auch können sie sich als Einzelpersonen nicht gegen die Notwendigkeit zum Wandel oder den Zwang zur Rationalisierung stemmen. Was sie aber als einzelne Individuen – und zwar *nur als einzelne* – durchaus vermögen: die eigene Glaubwürdigkeit durch eine authentische Kommunikation zu erhöhen. Das vertrauenswürdige und konsequente Management der Konflikte im je eigenen Zuständigkeitsbereich ist dabei ein sehr wichtiger, vielleicht sogar der wichtigste Aspekt.

Die typischen Führungskonflikte in professionellen Organisationen

Fall 1

Raimund K. war froh: Endlich hatte er es geschafft, die Leitung der Planungsabteilung seiner Firma zu übernehmen. Da von dieser Abteilung in den letzten Jahren wenig kreative Impulse ausgegangen waren und sie in der Firma insgesamt den Ruf hatte, wenig zuverlässig zu sein, nahm sich K. zweierlei vor: Die Abteilung wieder auf Vordermann zu bringen und dies zusammen mit den Mitarbeitern zu machen, aber nur mit *den* Mitarbeitern, die den Wandel auch wollten! Transparenz war seine Devise. Und darum stellte er seinen neuen Mitarbeitern genau diese Pläne in seiner ersten Besprechung mit ihnen vor. Er tat das – wie er meinte – mit offenen und klaren Worten.

Doch schon sehr bald igelte sich ein Mitarbeiter nach dem anderen vor K. ein. Jeder reduzierte den Kontakt mit ihm aufs Notwendigste und alle einte das Gefühl, dass K. sie immerzu missverstehe, schlecht informiere und ungerecht behandele. Das zog sich über sage und schreibe neun Jahre so hin, bis ein größeres Projekt die Gruppe dazu zwang, an ihrem Konflikt zu arbeiten. Denn in ihrer von Misstrauen geprägten Konfliktkultur war die vom Projekt geforderte Teamarbeit nicht möglich.

Die von allen Beteiligten akzeptierte Konfliktberatung eines externen Consulters ergab nun ein eigenartiges Bild für die aktuelle Konfliktlage: Unisono sagten alle Mitarbeiter der Abteilung, dass der Einstieg von Herrn K. der entscheidende Grund gewesen sei, dass man ihm nie Vertrauen geschenkt habe. Stattdessen rückten sie von Anfang alles, was er sagte oder nicht sagte, tat oder nicht tat, in ein schiefes Bild.

Dass das so gut funktionierte, lag wohl an zwei Ursachen: Zum einen war der Kommunikationsstil von K. sicherlich nicht dazu angetan, ihn als großen und Vertrauen erweckenden Rhetoriker zu bezeichnen. Zum anderen aber passte das Feindbild sehr gut in die Situation der Gruppe: Es lenkte nämlich ab, sich näher mit den eigenen Konflikten und Problemen zu beschäftigen.

Der Weg aus der Konfliktlage konnte wohl nur gelingen, wenn sowohl Reimund K. als auch seine Mitarbeiter an sich arbeiteten. Genau solche Maßnahmen zu vereinbaren, war Gegenstand eines Workshops, der von dem externen Berater moderiert wurde.

Fall 2

Frank B. und Karl. H. kannten sich seit ihrer Ausbildung in der Firma, in der es beide zu einer ansehnlichen Karriere brachten. B. war Leiter der Personalabteilung und H. leitete das Finanzwesen. Was in ihrer Ausbildung als spielerischer Machtkampf zwischen zwei Jugendlichen begann, war inzwischen zu einem fast schon neurotischen Konfliktverhältnis ausgewachsen. Wo es nur ging, versuchte jeder, dem anderen Steine in den Weg zu legen und eins auszuwischen. Sich auf Kosten des anderen und seines Bereichs zu profilieren, wurde von beiden als Leitsatz mit fast schon sportlichem Ehrgeiz verfolgt. Dass dabei die unternehmensdienliche Zusammenarbeit zwischen beiden Abteilungen auf der Strecke blieb, schien weder Frank B. noch Karl H. zu stören.

Jeder von beiden fühlte sich dabei im Recht – das heißt als Opfer, denn es war ja immer der andere, der angriff und einen bekämpfte. Und da der Konflikt schon so lange währte, war selbst für einen außen stehenden Beobachter die Frage nach dem »ersten Steinwurf« nicht mehr zu beantworten.

Fall 3

Karin P. war glücklich: Als Leiterin eines relativ kleinen Kindergartens, in dem auch ihr Kind betreut wurde, waren sowohl die Eltern als auch ihre Mitarbeiterinnen mit ihr überaus zufrieden. Wenn es Probleme gab, kamen die Eltern immer vertrauensvoll zu ihr. In den Mitarbeiterinnengesprächen erhielt sie von fast allen Erzieherinnen ein positives Feedback. Und die kritischen Punkte, die angesprochen wurden, waren konstruktiv und sachlich gehalten. Ihre Führungskompetenz wurde von keiner in Frage gestellt.

Als nun in der Kommune die Leitungsstelle einer großen Einrichtung ausgeschrieben wurde, suchte Karin P. die Herausforderung und bewarb sich. Das Vorstellungsgespräch mit der Leitung des Jugendamts lief aber völlig schief. Karin war aufgeregt wie ein Schulmädchen bei der Prüfung, tapste in fast jede Verhaltensfalle, die ihr gestellt wurde, und hatte bei den meisten fachlichen Fragen einen fulminanten Black-out. Einen echten Konflikt hatte sie aber erst, als ihr ihre Abteilungsleiterin Adele S. in einem Nachgespräch vorhielt, sie hätte einen derart desolaten Eindruck hinterlassen, dass man ihre gesamte Führungskompetenz hinterfragen müsse. Wenn sie – Adele S. – zu entscheiden hätte, würde man ihr die Leitungsaufgabe entziehen! Adele S. war schon ihre Vorgesetzte, als sie ihre erste Anstellung als Erzieherin hatte, und auch damals war das Verhältnis zwischen beiden äußerst angespannt. Dieses Gespräch führte dazu, dass Karin P. wochenlang in Selbstzweifel verfiel.

Nach Gesprächen mit einigen engen Freunden und Bekannten wandte sich Karin P. an die hausinterne systemische Konfliktberatung. Deren Aufgabe: Bei Konflikten zu helfen, die Erzieherinnen und Leitungskräfte untereinander, aber auch mit anderen Stellen und Personen hatten.

Fall 4

Der Projektleiter Alfons M. beobachtete seit ein paar Tagen, dass zwei seiner Teammitglieder, die Web-Designerin Astrid N. und den Programmierer Sven B., seltener und aggressiver miteinander sprachen, als dies bislang der Fall war. Vor allem in den Teamsitzungen häuften sich zwischen beiden extrem abfällige Bemerkungen über die Arbeit des jeweils anderen. Und wenn diese/r sprach, beschäftigte sich jene/r ostentativ mit etwas anderem. Alfons M. war sich nicht sicher, aber irgendetwas stimmte da nicht zwischen den beiden. Er nahm sich vor, der Sache auf den Grund zu gehen.

Die Beispiele zeigen die vier typischen Konfliktfelder, die für Vorgesetzte auftreten können, und die jeweils unterschiedliche Lösungswege erfordern:

- Im Beispiel Raimund K. liegt ein Konflikt vor, den ein Vorgesetzter mit Mitgliedern seines Teams hat. Diese betrachten ihn als »Täter«, auch wenn er selbst genau das nicht sein will. Der Vorgesetzte ist hier aktiver Teil des Konfliktfelds – und zwar ohne dies selbst aktiv und bewusst verfolgen zu wollen. Die andere Variante dieses Konflikts: Der Vorgesetzte fühlt sich als Opfer seiner Mitarbeiter – etwa weil er glaubt, sie würden Informationen zurückhalten oder ihn bewusst falsch informieren. In beiden Varianten ist es unmöglich, dass der Vorgesetzte selbst den Konflikt managen kann. Wir nennen diese Konflikte *A-Konflikte*. Die Hilfe einer externen Stelle, die von beiden Seiten als neutral angesehen wird, ist hier zwingend nötig.
- Das Beispiel von Frank B. und Karl. H. zeigt einen Konflikt zwischen Vorgesetzten-Kollegen. Unabhängig von den je individuell bedingten Gefühlen von Neid und Missgunst oder von der Tatsache, dass in manchen Firmen interne Konkurrenzverhältnisse das Geschäft beleben sollen, speist sich dieses Konfliktfeld aus den internen Machtkämpfen, die den politischen Mikrokosmos jeder Organisation prägen. Diese Konflikte müssen deshalb auch auf dieser Ebene betrachtet und behandelt werden. Dies kann wiederum nur eine neutrale dritte Stelle oder Person tun, da beide Seiten aktiv in dem Konfliktfeld eingebunden sind und sich selbst jeweils als Opfer und den anderen als Täter sehen. Wir nennen diese Kollegen-Konflikte *B-Konflikte*.
- Im Beispiel Karin P. haben wir es mit dem Fall zu tun, dass sich eine Vorgesetzte als »Opfer« einer ihr vorgesetzten Stelle oder Person fühlt. Auch hier ist der oder die Vorgesetzte aktiver Teil des Konflikts. Er oder sie kann ihn deshalb selbst nicht mehr neutral managen. Wir nennen diese Konflikte, die Vorgesetzte mit ihnen vorgesetzten Stellen oder Personen haben, *C-Konflikte*.
- Im Beispiel Alfons M. dagegen beobachtet der Vorgesetzte einen Konflikt zwischen zweien seiner Mitarbeiter. Hier ist

er selbst nicht aktiver Teil des Konfliktfelds. Wir nennen diese Konflikte *D-Konflikte*. Nur bei den D-Konflikten kann und sollte der Vorgesetzte die Rolle des Konfliktmanagers voll und aktiv ausfüllen. Die Qualität seines Konfliktmanagements macht sich dabei unter anderem daran fest, im Verlauf des Konfliktmanagements selbst nicht aktiver (Täter- oder Opfer-) Teil zu werden.

A-Konflikte: Vorgesetzte und Mitarbeiter – Der Vorgesetzte als aktiver Teil des Konflikts

Diagnose

Der Vorgesetzte macht sich ein Bild über die Konfliktlage – indem er das Geschehen eine Zeit lang beobachtet oder Einzelgespräche mit den wahrscheinlich Betroffenen führt. Zu beachten ist hier, dass Mitarbeiter eigentlich immer oder immer wieder Konflikte mit ihren Vorgesetzten haben. Der strukturelle Grund dafür liegt darin, dass der Vorgesetzte als *Vor*-gesetzter eine ideale Projektionsfläche für Feindbilder abgibt. Probleme, die Mitarbeiter mit unangenehmen Entscheidungen der Firmenleitung haben, werden darum zumeist unmittelbar auf den direkten Vorgesetzten projiziert und ihm angekreidet. Diese Konfliktlage muss er aushalten können. Bei aller Mitarbeiterorientierung darf nicht Grundsatz des eigenen Vorgesetztenhandelns sein, von seinen Mitarbeitern geliebt zu werden!

Vor diesem Hintergrund ist stets auszuloten, ob das Normalniveau des alltäglichen Konfliktgeschehens zwischen Vorgesetztem und Mitarbeitern auf Dauer entscheidend überschritten wird und was die Ursache dieses Überschreitens ist. Es können dies auch Gründe sein, die außerhalb der Einflusssphäre des Vorgesetzten liegen und mit seinem Führungsverhalten in keinem direkten Zusammenhang stehen – weil sich beispielsweise die Ressourcenlage, der Arbeitsstress, die Struktur und die Zusammensetzung der Gruppe verändert haben.

Nur wenn all diese Faktoren konstant geblieben sind, liegt der

Konflikt möglicherweise wirklich im eigenen Führungsverhalten begründet. Ist dies der Fall, ist weiter zu fragen, was genau am eigenen Führungsstil und -verhalten die Mitarbeiter verletzt hat. Hierzu erscheint es uns zwingend erforderlich, auch das Gespräch mit den betroffenen Mitarbeitern zu suchen.

Diese Gespräche dürfen allerdings nicht als Teile einer offiziellen Konfliktlösungsmoderation erscheinen. Die dazu nötige Neutralität wird dem Vorgesetzten nicht zugesprochen. In den Augen der Mitarbeiter ist er immer Täter. Die Gespräche sollten deshalb als informelle Einzelgespräche geführt werden – etwa im Anschluss an Sachgespräche über andere Themen oder zufällig sich entwickelnde Kantinengespräche.

Design

Mit diesem handfesten Bild der Konfliktlage entwirft der Vorgesetzte Hypothesen vor allem darüber,
- mit wem genau er in einem besonderen Konfliktverhältnis steht,
- was Ursachen und entscheidende Auslöser waren,
- wie er verlief und wie seine wahrscheinliche Entwicklung sein wird sowie
- wie brisant die Konfliktlage tatsächlich ist oder von den Betroffenen empfunden wird. Hier wird der Konflikt also auf der Achse Diskussion – Überlagerung – Eskalation – Verhärtung verortet.

Sodann wird die Art und Weise der Konfliktintervention definiert:
- Was soll und kann sie leisten (Interventionsziele)?
- Wer sollte die Intervention vornehmen?

Es ist erscheint uns zwingend, dass dies ein externer Konfliktberater übernimmt. An dieser Stelle macht es Sinn, zunächst Kollegen oder eine hausinterne Konfliktberatungsstelle zu konsultieren, die einen unter anderem auch darin berät, welcher Externe das Konfliktmanagement übernehmen könnte.

Je nachdem, ob die Diagnose offen oder verdeckt erfolgte, muss der betroffenen Gruppe das Ergebnis rückgekoppelt werden. Eine offene Diagnose liegt eigentlich immer dann vor, wenn der Vorgesetzte informelle Klärungsgespräche über den Konflikt geführt hat, den seine Mitarbeiter mit ihm haben. Die Mitarbeiter müssen also darüber in Kenntnis gesetzt werden, dass ein externer Berater die weitere Bearbeitung des Konflikts übernehmen wird.

Danach sind die Vorgespräche mit dem Berater zu führen. Uns erscheint es sinnvoll, dass an diesen Vorgesprächen auch Vertreter der betroffenen Mitarbeiter teilnehmen. Die Vorgespräche sollten klären, in welcher Form und zu welchen Konditionen die Intervention des Beraters geschehen soll.

Durchführung

Wenn der Vorgesetzte – auch nach Konsultation der hausinternen Konfliktberatung – zu dem Ergebnis kommt, dass *keine* aktive Intervention nötig ist, kann gegebenenfalls die Arbeit an der eigenen Person eine nahe liegende Aktivität sein.

Wurde jedoch ein externer Konfliktberater engagiert, beginnt jetzt dessen Arbeit, also in der Regel die Moderation oder Mediation.

Haben aber Diagnose und Design zu dem Ergebnis geführt, dass nur noch ein Machtwort weiterhelfen kann, interveniert eine hierarchisch höher stehende Stelle in Form konkreter Vorgaben, Umsetzungen oder Umstrukturierungen.

B-Konflikte: Vorgesetzte und Kollegen – Machtkampf und Konflikt in Organisationen

Diagnose

Auch bei B-Konflikten sollte sich der Vorgesetzte zunächst ein differenziertes Bild über die Konfliktlage machen. Vielleicht hilft schon ein offenes Gespräch mit dem betreffenden Kollegen.

Zu beachten ist allerdings, dass es bei B-Konflikten fast immer um Macht- oder Einflusskonkurrenzen, also um Mikropolitik geht. Mit Macht bezeichnen wir seit Max Webers klassischer Definition »jede Chance, innerhalb einer sozialen Beziehung den eigenen Willen auch gegen Widerstreben durchzusetzen, gleichviel worauf diese Chance beruht« (Weber 1976, S. 28). Seiner inneren Logik nach arbeiten Machtbeziehungen deshalb immer mit Drohpotenzialen, »gleichviel worauf« diese Potenziale beruhen. Sie bezeichnen von hieraus eine grundlegende Dimension sozialen Handelns. »Gerade weil der Mensch frei und relativ autonom ist, bilden sich Machtbeziehungen« (Kühl 1998, S. 95).

Deshalb ist es nicht länger möglich, Politik in Organisationen als etwas Störendes und Negatives zu sehen, das um jeden Preis verhindert, zumindest totgeschwiegen werden muss. »Politik ist sowohl unvermeidlich wie unverzichtbar« (Neuberger 1995b, S. 7f.). Eben *als* Organisationen sind Organisationen stets auch »politische Arenen«: »Geht man davon aus, daß in Unternehmungen Entscheidungen unter Zeitdruck, Mehrdeutigkeit und Risiko getroffen werden, daß vorhandene oder geschaffene Ressourcen für alternative Verwendungen eingesetzt werden, daß Interessenten in unterschiedlichem Ausmaß an Produktion und Aneignung der Ergebnisse partizipieren, daß vielfältige interne und externe Abhängigkeitsbeziehungen bestehen usw., dann wird verständlich, daß man Unternehmen als ›politische Arenen‹ bezeichnen kann« (Neuberger 1995b, S. 5).

Folglich sind selbstverständlich auch dezentral organisierte Organisationen von Machtbeziehungen geprägt. Anders aber als in hierarchisch und zentral organisierten Unternehmen schwindet hier der Unterschied zwischen offizieller und inoffizieller

Machtebene. *Alle* Machtverhältnisse werden weniger formalisiert und sind insofern weniger klar identifizierbar. Wovon die Macht eines Projektleiters abhängt, ist weitaus weniger klar als bei einem traditionellen Abteilungs- oder Amtsleiter.

Modern, dezentral und flexibel organisierte Unternehmen kennen deshalb keine klaren Machtverhältnisse mehr. Möglicherweise ist das ein Grund dafür, dass B-Konflikte an dieser Stelle hier zunehmen und an Bedeutung gewinnen: Es muss hier immer wieder neu austariert werden, wer wirklich mächtig ist und über das Entscheiden anderer zu entscheiden hat.

Wenn mit Crozier und Friedberg (1993) Macht als die Besetzung relevanter Unsicherheitszonen (zum Beispiel Expertenwissen) verstanden wird, dann hängt die Machtchance eines Vorgesetzten gegenüber anderen Vorgesetztenkollegen vor allem davon ab, dass er für jene relevanten Unsicherheiten kontrollieren oder Probleme lösen kann, und er darüber hinaus in der Lage ist, diese Problemlösungskompetenz auch zu verweigern. Seine Macht zeigt sich dann vor allem

- im Zugang zu und Besitz von Informationen sowie im Willen und Vermögen, diese Informationen auch an Kollegen weiterzuleiten – er kann dem Kollegen also die für seine Führungsarbeit nötigen Informationen vorenthalten, verzögern oder filtern;
- im Informationsaustausch mit den eigenen Vorgesetzten: Wer einen heißen Draht zu den eigenen Vorgesetzten hat und diese gegen andere Kollegen beeinflussen kann, vermag auf diese Macht auszuüben.

Ähnlich wie bei A-Konflikten sollte der betroffene Vorgesetzte deshalb auch hier genau diagnostizieren,
- ob es sich nicht um eine Form des B-Konflikts handelt, die in dieser Unternehmung üblich ist und zum Umgang unter vorgesetzten Kollegen gehört – woran macht er also fest, dass diese übliche Form verlassen und eine besonders außergewöhnliche Verletzung seiner Person vorliegt?
- wie er umgekehrt selbst mit seinen Kollegen verfährt – ob sich

nicht vielleicht auch diese mit Recht als Opfer seiner Informationspolitik und Umgangsformen fühlen können.

Das Design an Maßnahmen ist von Antworten auf diese Fragen abhängig.

Design

Mit dem so gebildeten handfesteren Bild der Konfliktlage entwirft der Vorgesetzte Hypothesen vor allem darüber,
- mit wem genau er in einem besonderen Konfliktverhältnis steht,
- was Ursachen und entscheidende Auslöser waren,
- wie der Konflikt bislang verlief und wie seine wahrscheinliche Entwicklung sein wird und
- wie brisant die Konfliktlage tatsächlich ist oder von den Betroffenen empfunden wird. Hier wird der Konflikt also auf der Achse Diskussion – Überlagerung – Eskalation – Verhärtung verortet.

Sodann wird die Art und Weise der Konfliktintervention definiert:
- Was soll und kann sie leisten (Interventions-Ziele)?
- Wer sollte sie vornehmen?

Es erscheint uns hier zwingend, dass dies ein externer Konfliktberater übernimmt. Zwar macht es Sinn, auch hausinterne Konfliktberatungsstellen um Rat zu fragen. Aber als Moderatoren oder Mediatoren werden sie bei Vorgesetzten-Konflikten nur in den seltensten Fällen akzeptiert. Hier müssen in der Regel wirklich externe Berater verpflichtet oder die eigenen Vorgesetzten eingebunden werden.

Hat man sich für einen bestimmten externen Berater oder Vorgesetzten entschieden, sind mit ihm Vorgespräche zu führen. An diesen Gesprächen sollte auch der in den Konflikt involvierte Vorgesetztenkollege teilnehmen. Die Vorgespräche helfen zu klären, in welcher Form und zu welchen Konditionen die Intervention des Beraters erfolgt.

Durchführung

Wenn der Vorgesetzte – auch nach Konsultation der hausinternen Konfliktberatung – jedoch zu dem Ergebnis kommt, dass *keine* aktive Intervention nötig ist, kann gegebenenfalls die Arbeit an der eigenen Person eine nahe liegende Aktivität sein. Zu klären ist dabei, weshalb man das als besonderen Konflikt empfindet, was andere Kollegen als Normalform auffassen.

Wurde ein externer Konfliktberater engagiert oder der eigene Vorgesetzte eingebunden, beginnt jetzt dessen Arbeit, also in der Regel die Moderation oder Mediation.

Haben jedoch Diagnose und Design zu dem Ergebnis geführt, dass nur noch ein Machtwort weiterhelfen kann, interveniert nur eine hierarchisch höher stehende Stelle in Form konkreter Vorgaben, Umsetzungen oder Umstrukturierungen.

C-Konflikte: Vorgesetzte und eigene Vorgesetzte

Diagnose

Bei C-Konflikten fühlt sich der Vorgesetzte nicht mehr nur durch eine hierarchisch gleichgestellte, sondern durch eine ihm vorgesetzte Stelle bedroht. Das erhöht den psychischen Druck, sodass es für ihn fast unmöglich wird, sich ein relativ objektives Bild der Konfliktlage zu machen. Die entscheidenden Fragen, die er dabei beantworten muss, lauten:
1. Was genau an dem Verhalten des eigenen Vorgesetzten hat in mir das Gefühl ausgelöst, sein Opfer zu sein?
2. Warum haben diese Phänomene genau in mir das Gefühl ausgelöst, sein Opfer zu sein?
3. War/ist es meinem Vorgesetzten bewusst, was er mit diesem Verhalten in mir ausgelöst hat?

Was die erste Frage anbelangt, so sind es oft verbale oder nonverbale Verhaltensweisen, die einen sehr stark treffen und verletzen können – unabhängig davon, ob man Vorgesetzter oder Mitarbeiter, Elternteil oder Kind, Mann oder Frau ist:
- pauschale Beschuldigungen (»Immer Sie ...«),
- oberlehrerhafte Bemerkungen (»Hätten Sie doch ...«),
- Bagatellisierungen (»Im Vergleich zu ... ist das doch harmlos«),
- personale Negativ-Wertungen (»Sie sind unfähig ...«),
- dauerndes Hervorheben von Fehlern oder
- nicht beachtet oder gegrüßt zu werden.

Viel spannender scheint uns aber die Antwort auf die zweite Frage zu sein, warum man gerade *selbst* von diesen Verhaltensweisen so getroffen wird. Dies umso mehr, je individueller der Konflikt ist. Wenn dagegen andere Vorgesetztenkollegen die gleichen Konflikte mit der betreffenden Person haben, wirkt allein schon diese Tatsache entlastend: zum einen, weil man automatisch »Verbündete« im Geiste hat und zum anderen, weil der Grund für den Konflikt offensichtlich in der Person des Vorgesetzten und nicht in einer individuellen Disposition der eigenen Persönlichkeit zu suchen ist.

Anders liegt der Fall, wenn man sich allein in der Opferrolle befindet und die anderen Vorgesetztenkollegen die Probleme, die man mit dem eigenen Chef hat, nicht so recht nachvollziehen können. Dann kann der Grund für den Konflikt tatsächlich in den eigenen Werte- und Erwartungshaltungen begründet liegen. Bei diesen Rollenkonflikten ist zwischen Intra- und Interrollenkonflikten zu unterscheiden.

Bei Intrarollenkonflikten vermag es der Inhaber einer sozialen Position nicht, die widersprüchlichen Erwartungen seiner unterschiedlichen Bezugsgruppen als (für ihn, seine Funktion, seine Abteilung, seine Kunden, sein Unternehmen) *unterschiedlich wichtig* zu bewerten. Sie sind für ihn alle und immerzu gleich wichtig.

Er ist entsprechend für seine Konfliktlage zu einem nicht unerheblichen Teil selbst verantwortlich. Aktives Konfliktmanagement heißt hier zuallererst, an der *eigenen* Persönlichkeit zu arbeiten und eine Distanz zu der Berufsrolle aufzubauen, um dann eine funktionsfähige Priorisierung der mit ihr zusammenhängenden Bezugsgruppen und ihrer Erwartungen aufzubauen und konsequent anzuwenden.

Ähnlich sieht es bei Interrollenkonflikten aus. Bei ihnen vermag es ein Vorgesetzter nicht, die unterschiedlichen Rollen, die er im Lauf eines Tages einzunehmen hat, so zu koordinieren, dass sie sich eben nicht widersprechen. Auch hier sind der als Beispiel aufgeführten Leiterin einer Kindertagesstätte die Rollen als Mutter und als Leiterin ihrer Einrichtung gleich wichtig. Daraus aber folgt schon rein zeitlich, dass sie keiner von beiden voll gerecht werden kann. Auch hier ist die Vorgesetzte für ihre Konfliktlage zu einem wesentlichen Teil selbst verantwortlich. Aktives Konfliktmanagement heißt deshalb hier ebenfalls, zuallererst an der *eigenen* Persönlichkeit zu arbeiten und eine Distanz sowohl zu der Berufsrolle als auch zu den anderen relevanten Rollen aufzubauen, um dann eine funktionsfähige Priorisierung dieser Rollen zu erstellen und die daraus folgenden Konsequenzen (Timesharing, Teilzeit, Tagesmutter, Aufgabe der Leitungsrolle) *ohne* schlechtes Gewissen zu akzeptieren.

Design

Leider klingen diese Ausführungen sehr technisch. Der Kern gerade von Rollenkonflikten ist aber kein konstantes Gebilde, das durch eine rein rationale Entscheidung für eine neue Priorisierung verändert werden kann. Vielmehr setzt es sich aus zum Teil emotional sehr stark besetzten und zum Teil in früher Kindheit erworbenen Werten und Einstellungen zusammen. Die Arbeit an diesem Kern erfordert sehr viel Geduld und wahrscheinlich auch eine fachkundige Betreuung.

Ziel dieser Arbeit muss der Erwerb von drei Fähigkeiten sein: a) Rollendistanz, b) Ambiguitätstoleranz und c) Entscheidungskompetenz.

Zu a): Aufbau von Rollendistanz
Rollendistanz ist ein Begriff, den der Soziologe Erving Goffman (1969) erstmals formuliert hat. Er bezeichnete damit die Fähigkeit eines Menschen, sich über die Anforderungen von Rollen zu »erheben, um auswählen, negieren, modifizieren und interpretieren zu können« (Krappmann 1978, S. 135; ähnl. Joas 1975, S. 75). Goffman zeigt anhand zahlreicher Beobachtungen, dass das Ausmaß der Hingabe eines Individuums an seine Berufs- und Freizeit-Rolle(n) sehr unterschiedlich sein kann. Entsprechend gibt es ein Kontinuum zwischen übermäßigem Aufgehen in der Rolle (Overattachment) auf der einen Seite und Entfremdung (Alienation) von der Rolle auf der anderen. Dazwischen liegt ein breiter Bereich, in dem der Mensch sich zu seiner Rolle mit Distanz verhält und eine starke Ich-Identität behalten kann.

Von Managern und Führungskräften wird gemeinhin noch immer erwartet, völlig in ihrer Berufs-Rolle aufzugehen. Dass ein Amtsleiter eine Besprechung nach Ablauf der geplanten Zeit pünktlich verlässt, um sein Kind aus dem Kindergarten zu holen und mit ihm wie versprochen um 17.00 Uhr auf die Kirmes zu gehen, ist für viele noch immer die Ausnahme. Selbstverständlich ist es dagegen, dass er umgekehrt sein Kind warten lässt, um die Konferenz bis zum Ende abzusitzen.

Es sind oft einschneidende Zäsuren im Leben, wie etwa schwere Schicksalsschläge, Krankheiten oder überlebte Gefahren, die einen Menschen dazu bringen, Rollendistanz aufzubauen, das heißt, sich neben sich zu stellen, um auf sich und seine Rollen kritisch herabzublicken: »Ist es das wirklich wert? Habe ich meine Prioritäten zwischen den Rollen in meinem Leben wirklich richtig verteilt? Weshalb mache ich das, was ich mache, so wie ich es mache?«

Die Antworten auf diese Fragen führen immer mehr Manager dazu, ihr Leben völlig neu zu definieren, die Prioritäten anders zu setzen und vielleicht sogar völlig auszusteigen. Wie sinnvoll und tatsächlich möglich solch ein Ausstieg ist, sei dahingestellt. Die bilanzierende Reflexion als erster Schritt hin zur nötigen Rollendistanz ist es allemal. Wie aber kann man Rollendistanz ohne extrinsisch bedingte Zäsurerlebnisse von sich selbst angehen?

Uns erscheint hier die kontemplative Beschaulichkeit sinnvoll, wie man sie in der Ruhe eines bewusst gesuchten Entspannungsurlaubs oder in meditativen Übungen erlebt. Allerdings sollte man dabei allein sein und sowohl Partner und Kollegen als auch Terminkalender, Geschäftspapiere, Notebook und Handy zu Hause lassen. Es ist erstaunlich, wie viel man über sich selbst erfährt, wenn man gezwungen ist, sich nur mit sich selbst zu beschäftigen.

Zu b): Entwicklung von Ambiguitätstoleranz
Wie flexibel sich die eigene Veränderungs- oder Lernbereitschaft gestaltet, hängt auch damit zusammen, wie souverän man mit abweichenden Meinungen und Sichtweisen umgehen kann, ob man also die Auseinandersetzung mit ihnen als Bereicherung oder als Bedrohung empfindet. Der Soziologie Lothar Krappmann spricht hier von der Fähigkeit zur Ambiguitätstoleranz (Krappmann 1978, S. 32; Felsch 1999, S. 154ff.).

Dieser Begriff bezeichnet die ganz konkrete Fähigkeit, widersprüchliche Rollenbeteiligungen und einander widerstrebende Motivationsstrukturen bei sich und bei anderen zu akzeptieren und konstruktiv nutzen zu können (Felsch 1999, S. 155). Das impliziert auch die Fähigkeit, das mit diesen Widersprüchen verbundene Gefühl der Unbefriedigtheit zu ertragen (Felsch 1999, S. 157).

Konkret in Erscheinung tritt diese Toleranz dann in der Großzügigkeit und dem Respekt anderer Menschen und abweichenden Meinungen gegenüber (Krappmann 1978, S. 153). Sie wird umso wichtiger, je weniger repressiv und klar vordefiniert die Rollen sind, in denen sich jemand bewegt. Genau das gilt für die Führungsrolle von Vorgesetzten: Was von ihnen als Führenden *genau* verlangt wird, ist in der Regel zumindest offiziell nirgendwo klar festgelegt und formuliert. Gerade weil Führen das zielorientierte Anleiten von Menschen zum Handeln meint, wird das, *was* eine Führungskraft konkret *wie* »anleiten« soll, von den je neuen Erfordernissen wechselnder Ziele, Menschen und Handlungen bestimmt. Sich auf neue Aufgaben, Meinungen und Konflikte schnell einstellen zu können, ist eine Grundvoraussetzung erfolgreichen Führens in Organisationen wie Firmen und Verwaltungen.

Möglicherweise hat nun aber die in der öffentlichen Verwaltung weit verbreitete Sicherheitsorientierung dazu geführt, dass hier auch bei den Vorgesetzten die Fähigkeit zur Rollenflexibilität und zur Akzeptanz von Meinungspluralismus nur relativ schwach ausgebildet wurde.

Wie kann diese Fähigkeit und die damit verbundene Fertigkeit, Widersprüche und Konflikte konstruktiv zu nutzen, entwickelt und (re-)aktiviert werden? Unseres Erachtens kommt es vor allem darauf an, zunächst für sich selbst die konstruktive Kraft von Konflikten zu entdecken und zu akzeptieren. Konflikte sind kein vermeidbares Übel im menschlichen Zusammenleben, sondern dessen lebensnotwendiger Motor. Konflikte – also beispielsweise die kleinen Verletzungen in Gesprächen – sind der Stachel, der uns zur engagierten und kreativen Argumentation antreibt. Ohne diesen Stachel gäbe es keinen Drang zur überzeugenden und überzeugten Kommunikation. Und ohne diese Kommunikation wäre ein Vorankommen in der Zusammenarbeit nicht möglich. Natürlich besteht dabei immer die Gefahr, dass die kleinen Verletzungen in große umschlagen und die konstruktive Kraft sich in eine destruktive verwandelt. Das aber ist das Risiko, ohne dass menschliches Zusammenleben und -arbeiten nicht möglich ist.

Ähnlich wie soziale Konflikte soziale Beziehungen und Organisationen voranbringen, treiben Rollenkonflikte die subjektive Entwicklung voran. Sie sind die Bedingung der Möglichkeit dafür, dass man an seinen Fähigkeiten und Fertigkeiten arbeitet und seine Ich-Identität eben durch die dauernde Auseinandersetzung mit anderen Meinungen, Ansichten und Zielen weiter stärkt.

Uns ist klar, dass diese Ausführungen die konkreten Rollenkonflikte von Führungskräften noch nicht lösen. Aber die hier skizzierte spielerische Akzeptanz der Notwendigkeit solcher Konflikte bildet nach unserem Dafürhalten die *Grundlage* ihrer Lösung. So mindert sie das schlechte Gewissen, wenn man nicht allen Ansprüchen gerecht wird.

Wenn wir die Welt wirklich ein klein wenig als Bühne sehen und das eigene Agieren tatsächlich spielerisch(er) angehen, können wir von Shakespeare wahrscheinlich mehr lernen als von vielen Konflikttherapeuten.

Zu c): Aufbau von Entscheidungskompetenz
Soziologen haben den Begriff der »Risikogesellschaft« für die moderne Welt geprägt (Beck 1986; Luhmann 1993). Damit wird eine Veränderung auf den Punkt gebracht, die jeder von uns andauernd erfährt: dass man sich in seinem Leben immer häufiger selbst entscheiden und für diese Entscheidung auch selbst die Verantwortung übernehmen muss. Egal, ob es die Wahl des Berufs, des Partners oder des Wohnorts ist, immer häufiger haben wir selbst die Qual der Wahl, ohne dass uns andere Menschen dafür die Verantwortung abnehmen. Wer, statt eine Lehre zu machen, direkt Geld verdienen will, kann die Verantwortung für diese Wahl später nicht auf andere übertragen. Gefährlich war das Leben unter Naturgewalten, riskant dagegen ist es unter dem Damoklesschwert der Konsequenzen eigener Entscheidungen geworden.

Entscheiden heißt nun aber immer, im Zustand der Unsicherheit zwischen Alternativen auszuwählen. Wenn ich mir sicher bin, *brauche* ich mich nicht zu entscheiden. Wenn ich keine Alternativen zur Auswahl habe, *kann* ich es nicht.

Damit ist dem Entscheiden die Chance des Scheiterns stets inhärent. Die Wahl zwischen Alternativen kann nämlich eine falsche und der eingeschlagene Weg ein Fehler sein. Entscheider müssen also den Mut haben, Fehler zu machen, mit Fehlern zu leben und aus Fehlern zu lernen. »Aufzugeben ist schlimm, Scheitern eine notwendige Erfahrung. Jedem, der Verantwortung übernimmt, wünsche ich, ab und zu ein solches Scheitern zu erleben, damit er sich seine Menschlichkeit erhält und gezwungen ist, über sein Tun nachzudenken« (Goeudevert 1999, S. 10).

Eine Machtposition in einer Firma oder Verwaltung innezuhaben, heißt nun aber nichts anderes, als Chancen zu haben, über den Willen oder die Entscheidungen *anderer* entscheiden zu können. Gerade hierbei ist der Mut zur Verantwortungsüber-

nahme und Fehlerakzeptanz nötig. Wer diesen Mut nicht besitzt, sollte sich ernsthaft fragen,
- woher diese Unsicherheit rührt,
- was er tun muss, um sie abzubauen und
- ob er überhaupt diesen Mut haben und einsetzen will, ob er also wirklich in einer vorgesetzten Position richtig aufgehoben ist und über das Entscheiden anderer Menschen entscheiden will – das allerdings ist eine Entscheidung, die ihm oder ihr wieder niemand abnehmen kann!

Durchführung

Hier gilt es nun, die aus der Analyse getroffenen Konsequenzen umzusetzen, also
- das Gespräch mit dem Vorgesetzten zu suchen,
- andere betriebsinterne Stellen um Rat und Tat zu fragen – beispielsweise um eine Konfliktmoderation zu bitten oder in bestimmten Fällen auch einen Rechtsbeistand aufzusuchen,
- eventuell eine berufliche Veränderung anzupeilen, da einem die betreffende Vorgesetztenposition überhaupt nicht liegt.

D-Konflikte: Vorgesetzter als Beobachter von Konflikten

Diagnose

D-Konflikte sind Konflikte, in denen Vorgesetzte sich gern auf der Metaebene eines nicht teilnehmenden Beobachters sehen, der von der neutralen Warte eines Schiedsrichters den Konflikt in seinen Anfängen rechtzeitig beobachtet und eine Eskalation durch »chirurgisch-präzises Intervenieren« eindämmt.

Eine solche Vorstellung ist natürlich völliger Unsinn. Vorgesetzte sind *immer* Teil des Netzwerks der Organisationseinheit, der sie vorstehen. Folglich sind sie auch immer Teil der Konflikte, die sich in der ihnen unterstellten Einheit abspielen. Sie können sich lediglich in einer relativen Neutralität und Distanz zu diesen Konflikten befinden. Diese Distanz ist von zwei Faktoren abhängig: davon, dass sie sich selbst als relativ unbeteiligt, weder als Täter noch als Opfer des Konflikts fühlen, und davon, dass sie von den betroffenen Mitarbeitern als relativ unbeteiligt angesehen werden, jene dürfen also ihren Vorgesetzten weder die Täter- oder Opferrolle noch die des Sympathisanten des Täters oder Opfers zuschreiben. Aus dieser relativ neutralen Perspektive stellt das Beobachten von Konflikten eine der wichtigsten Führungsaufgaben dar.

Wenn aber ein Konflikt generell dadurch beginnt und fortgesetzt wird, dass sich eine Person durch das Kommunikationsverhalten (zumindest) einer anderen angegriffen fühlt, dann besteht diese Führungsaufgabe vor allem darin, das Kommunikationsverhalten im Team kontinuierlich zu beobachten. Besprechungen, Gespräche oder Arbeitsausführungen sind demnach auch unter dem Gesichtspunkt zu betrachten, ob ein Normalniveau von Konflikten überschritten wird. Die Indikatoren, die er dabei zurate zieht – etwa die Häufigkeit von Negativ-Wertungen gegen Einzelne, das Herziehen über bestimmte Personen, Religionen oder Minderheiten – muss jeder Vorgesetzte für sich selbst festlegen. Wichtig ist vor allem, einen Gradmesser für die Existenz eines *durchschnittlichen* Konfliktniveaus in der Teamkommunikation sowie für *Abweichungen* davon zu definieren.

Der Mobbingforscher Leymann (1993) etwa legt für das Vorliegen des Mobbingphänomens empirisch klar überprüfbare Kriterien fest. So liegt für ihn Mobbing nur dann vor, wenn zumindest eine von 45 Mobbinghandlungen gegen eine Person oder Personengruppe über ein halbes Jahr mindestens einmal in der Woche stattgefunden hat (vgl. S. 120ff.).

Hedwig Kellner (1999, S. 50ff.) rät Führungskräften, sich bei der Beobachtung von Konflikten immer auch die folgenden Fragen zu stellen:
– Wie kommunizieren wir miteinander?
  • Welcher Ton herrscht im Team oder im Unternehmen?
  • Welchen Diskussionsstil pflegen wir in Besprechungen?

- Ist die Kommunikation eher offen und auch gelegentlich locker oder eher taktierend?
- Werden einzelne Formulierungen auf die Goldwaage gelegt oder darf man auch mal »ins Unreine« reden?
- Wird großer Wert auf die Einhaltung von Dienstwegen gelegt?
- Hat die Hierarchie zu viel Einfluss auf die Umgangsformen?
- Herrscht ein zu ungezwungener Ton?
- Gibt es häufig ein gereiztes Klima mit scharfen Untertönen?
- Werden öfter Ausreden benutzt wie: »Hat mir keiner gesagt«, »Hat mich ja keiner gefragt«?

– Wie sehen wir uns gegenseitig?
- Herrscht eine Stimmung von freundschaftlichem Vertrauen?
- Beobachten wir uns gegenseitig misstrauisch?
- Unterstellen wir uns gegenseitig schlechte Absichten?
- Ist unser Verhalten von Wertschätzung und Höflichkeit geprägt?
- Wie wird intern über Kunden, Bürger, andere Stellen geredet?
- Wie schnell kommt es in der Regel nach Konflikten wieder zu einer reibungslosen Zusammenarbeit?
- Wie hoch ist der »Tratschpegel«? Wie steht es bei uns um Gerüchte?

– Wie stehen Vorgesetzte und Mitarbeiter zur Gesamtverwaltung oder zum Unternehmen?
- Wie gehen wir mit unseren Ressourcen um?
- Gibt es ein Abteilungsdenken oder gar »Bunkermentalität«?
- Wie gut funktioniert die bereichsübergreifende Zusammenarbeit?
- Wie reden wir im privaten Umfeld über die Verwaltung unseres Bereichs?

– Welcher Arbeitsstil wir hier gepflegt?
- Arbeiten die Teams harmonisch miteinander?
- Interessiert man sich für das, was die anderen tun?
- Herrscht ein Klima offenen Austauschs, oder zieht sich jeder auf die eigene Kostenstelle zurück?
- Wird übertrieben lange gearbeitet?

- Wird pünktlich Feierabend gemacht?
- Arbeiten wir kundenorientiert oder ziehen wir uns auf das zurück, was exakt in der Stellenbeschreibung steht?

Grundsätzlich sollte man sich nach Kellner immer wieder fragen:
– Macht es mir selbst noch Spaß, hier Führungskraft zu sein?
– Würde ich mir, wenn ich die Chance hätte, lieber ein anderes Unternehmen, eine andere Verwaltung, einen anderen Bereich oder gar einen ganz anderen Beruf suchen?
– Macht es wohl meinen Mitarbeitern noch Spaß, in meinem Bereich zu arbeiten?
– Bin ich den anderen Führungskräften ein guter Kollege? Wie kann ich mit den anderen auskommen?
– Ist die Zusammenarbeit zwischen mir und dem Betriebs- oder Personalrat von Offenheit und Vertrauen geprägt?
– Dürften die Kunden, Bürger wissen, wie es bei uns intern abläuft?

Design

Je nachdem, was die Beobachtung ergeben hat, ist jetzt zu entscheiden, ob es reicht, die prophylaktischen Maßnahmen zu verstärken, oder ob es weitergehender Interventionen bedarf. Ist das Letztere der Fall, muss ein Plan über die nötigen Maßnahmen und deren Schrittfolge entworfen werden.

Zum Beispiel kann es Sinn machen, zunächst noch weitere Gespräche mit den Betroffenen zu führen, um so ein differenzierteres Bild über die Lage zu erhalten. Diese Gespräche sollten unbedingt als *Einzelgespräche* geführt werden und möglicherweise nicht im Vorgesetztenbüro, sondern im informell entspannten Raum externer Lokalitäten stattfinden (im Café bei einer Tasse Tee). Es muss auf jeden Fall klar werden, ob ein Konflikt vorliegt, der eine weitere Intervention nötig macht und wer genau von dem Konflikt wie betroffen ist. Nur aktiv Betroffene sollten an weiteren Interventionsschritten teilnehmen.

Kommt man zu dem Schluss, dass schon ein moderiertes Gespräch unter den Betroffenen möglich ist, sind Teilnehmer, Form und Inhalte dieser Moderation zu skizzieren.

- Was die Teilnehmer anbelangt, sollten nur die Personen teilnehmen, die tatsächlich aktiv als Opfer oder Täter an dem Konflikt beteiligt sind. Je nach Größe eines Teams kann die Anzahl der Teilnehmer variieren. Ein Vorgesetzter sollte aber nie eine Moderation übernehmen, an der mehr als fünf bis sechs Personen beteiligt sind, weil die Komplexität der Moderation und damit der Aufwand der Vorbereitung, Durchführung und Nachbereitung mit der Anzahl der Teilnehmer enorm ansteigt. Vor allem aber, weil mit der Anzahl der Betroffenen die Wahrscheinlichkeit steigt, dass auch der Vorgesetzte eine aktive Rolle im Konfliktfeld spielt. Die Moderation sollte dann an externe oder hausinterne Konfliktberater delegiert werden.
- Von der Form her sind nun der Moderationsraum samt Medien zu besorgen, die Teilnehmer einzuladen und die zeitlichen Ressourcen zu klären. Auch wenn Vorgesetzte sich nur Kleingruppenmoderationen vornehmen sollten, muss der Raum für eine festgelegte Zeit störungsfrei sein. Auch sollten stets Flipchart und Stifte zur Verfügung stehen, damit man während des Gesprächs bestimmte Punkte festhalten kann. Mehr Moderationsmaterial ist bei Kleinstgruppen nicht nötig, sondern wirkt eher übertrieben.

Ist schon eine Mediation sinnvoll, dann müssen über die beschriebenen Vorbereitungen hinaus auch noch *inhaltliche Vorschläge* erarbeiten werden. Der Vorgesetzte agiert ja wie ein Schlichter und hat folglich auch Vorschläge mitzubringen, wie der Konflikt gelöst werden kann. Diese Vorschläge sollten auch konkrete Anforderungen an die beiden Konfliktparteien darüber enthalten, was jeweils bis wann getan werden muss, damit der Konfliktlage sich entspannt. Wir raten dazu, *vor* der Mediation diese Vorschläge mit den eigenen Vorgesetzten zu besprechen, damit man sie später hinter sich weiß.

Letzteres gilt vor allem, wenn es um die Vorbereitung und

Formulierung des Machtworts geht. Möglicherweise macht es auch Sinn, diese Aufgabe an die vorgesetzte Stelle abzugeben.

Durchführung

Wir schlagen vor, dass Gespräch entlang des so genannten E – P – D – E – S-Schemas (Einleitung, Präsentation, Diskussion, Einigung, Schluss) durchzuführen, dass im nächsten Abschnitt dargestellt ist.

■ Die Vorgesetzten-Intervention als Moderation: Das E – P – D – E – S-Schema

E – Einleitung, Anmoderation

Die Begrüßung sowie die Problem- und Ziel-Darstellung des Gesprächs erfolgt durch den Vorgesetzten. Das Problem sollte anlassbezogen, also anhand konkreter Beobachtungen des Konflikts (»Auf den letzten Dienstbesprechungen ist mir aufgefallen ...«) dargestellt werden. Hierbei sollte sich der moderierende Vorgesetzte relativ kurz fassen (1–2 Minuten) und sich personaler Wertungen oder Schuldzuweisungen enthalten und stattdessen an die Sachlichkeit beider Seiten appellieren sowie eine kurze Skizze der verfügbaren Gesprächszeit geben.

P – Präsentation der Positionen durch die einzelnen Mitarbeiter

Einleitend sollte der Vorgesetzte die Regeln der Positionsdarstellung erklären:
– Die aktiv betroffene Seite (diejenige Person, die ein Konfliktgefühl hat, die sich also als »Opfer« der anderen fühlt) beginnt damit, ihr Konfliktgefühl als Ich-Botschaft zu formulieren (statt »X informiert mich nicht«: »Ich fühle mich durch X nicht informiert«), um dann

- ein konkretes Beispiel aus der nahen Vergangenheit zu beschreiben, bei dem er oder sie dieses Konfliktgefühl hatte. Hierbei sollte zwischen sachlicher Fallbeschreibung und Darstellung der eigenen Gefühlslage unterschieden werden.
- Anschließend hat die beschuldigte Seite (diejenige Person, die möglicherweise kein Konfliktgefühl hat, sich also nicht als »Opfer« fühlt, aber von der anderen als »Täter« gesehen wird) Gelegenheit, ihre Sicht der Dinge in drei Schritten darzustellen:
  - Schritt 1: Darlegung der Gefühlslage als Ich-Botschaft (»Ich habe damit kein Problem / keinen Konflikt« statt »es gibt keinen Konflikt!«)
  - Schritt 2: Darlegen, wie man selbst den von der als Opfer betroffenen Person geschilderten Beispielfall erlebt hat (ob es etwa situative Ergänzungen gibt – was Personen und Äußerungen anbetrifft),
  - Schritt 3: Darlegen, was man selbst dabei gefühlt und gewollt hat.

Bei der folgenden Darlegung der Positionen agiert der moderierende Vorgesetzte als Schiedsrichter, der das Einhalten der Regeln (zu denen natürlich auch Kommunikationsregeln wie Ausredenlassen gehören) überwacht und zusammenfasst.

Wenn wirklich ein Konflikt vorliegt, dürfte es erhebliche Wahrnehmungsunterschiede geben. Die Schilderungen der beiden Personen werden deshalb in allen Schritten zum Teil erheblich voneinander abweichen. Die Frage, worauf man diese Unterschiede zurückführt, ist eine Frage, die zur Diskussionsphase überleitet und zwar relativ sachlich, ohne wechselseitige Beschuldigungen.

D – Diskussion

Es wird nicht spontan drauflos diskutiert, sondern über die Frage, worauf die Unterschiede in der Wahrnehmung der geschilderten Situationen zurückgeführt werden können – eine Frage, die sich aus den einleitenden Darlegungen der beiden Konfliktparteien ergibt. Nicht nur die Sachlichkeit, sondern auch die Evidenz der Sache ist für das Gelingen dieser Stufe wichtig. Denn es geht nicht mehr allein um die miteinander im Konflikt liegenden Personen selbst, sondern die Suche nach Gründen für Wahrnehmungsunterschiede. Die Sehnsucht nach einem Streit mit der Konfliktperson, die wie eine Dynamitladung hinter jedem Konfliktgespräch lauert, wird so in die Sehnsucht nach dem Streit um die richtige Sachlösung kanalisiert.

Diese Sachdiskussion sollte der Moderator zunächst relativ frei laufen lassen. Womöglich gibt es bereits erste Ideen dafür, weshalb man die Dinge völlig unterschiedlich sieht. In diesem Fall kann recht bald die Frage nach Konsequenzen für das eigene Handeln, Verhalten und Miteinanderumgehens gestellt werden. Damit wäre schon die Phase E (Entscheiden, Einigen) erreicht.

Wenn die Diskussion nicht so konstruktiv verläuft und sich entlang von Bemerkungen wie »Weiß ich nicht!«, »Ist halt so!« oder »Bringt ja doch nichts!« im Kreis dreht, können manchmal Methoden der Systemtherapie weiterhelfen – wie die »Visualisierung des sozialen Systems« oder das Erstellen einer »Systemskulptur« (König u. Volmer 1996, S. 115ff.). Beide Methoden setzen allerdings ein gewisses Verständnis für psychotherapeutische Gruppenarbeit voraus. Die Systemskulptur ist zudem nur bei größeren Gruppen sinnvoll.

Visualisierung des sozialen Systems

»Die Aufgabe des Klienten besteht darin, sein soziales System mit Hilfe von Symbolen zu visualisieren. Günstig sind dafür z. B. runde Moderations-Karten, auf die Namen der betreffenden Personen geschrieben werden. Man kann auch Stühle nehmen (wobei die einzelnen Personen durch verschiedene Stühle unterschieden werden können) oder Bauklötze oder Spielfiguren ..., die aber möglichst ähnlich und nicht vom Spiel her zu eindeutig festgelegt sein sollten« (König u. Volmer 1996, S. 115). Die Figur wird dann – je nach Material – auf einer Pinnwand, dem Fußboden (bei Stühlen) oder einem großen Tisch erstellt.

Bei zwei Personen, wie in diesem Fall, die einen Konflikt miteinander haben, bestünde für beide die Aufgabe darin, ihr Arbeitsumfeld zu visualisieren. Welche Personen dabei eine Rolle spielen, hängt weniger von den offiziellen Organisationsstrukturen ab, als vielmehr von der subjektiven Sicht desjenigen, der sein soziales System darstellt.

Für den Einstieg in die Diskussion könnten die folgenden Fragen dienen:
- Welche Symbole (Personen) stehen bei wem näher nebeneinander, welche sind weiter voneinander entfernt?
- Welche Subsysteme zeigen sich in der räumlichen Anordnung?
- Liegen Symbole direkt nebeneinander, sodass ein direkter Kontakt signalisiert wird?
- Zu wem hat der Vorstellende direkten Zugang? Ist der Zugang zu bestimmten Personen durch andere versperrt?

Vor allem aber sind die Unterschiede der beiden Visualisierungen unserer beiden Konfliktpartner interessant, die sich entlang der skizzierten Leitfragen nun diskutieren lassen.
- Worauf sind diese Unterschiede zurückzuführen?
- Wie lassen sie sich beheben, was kann jeder der beiden dazu beitragen?

Bei der zuletzt gestellten Frage muss der Vorgesetzte Acht geben, nicht als Dienstleister vereinnahmt zu werden, der die weitere Lösung der Konflikte übernimmt. Dies sollten die Konfliktparteien selbst übernehmen.

Erstellen einer Systemskulptur

Eine weitere Möglichkeit, über die Visualisierung des Konfliktfelds in eine konstruktive Diskussion zu gelangen, stellt die Systemskulptur dar. Mit ihr lässt sich aber nur arbeiten, wenn die

Gruppe groß genug ist (mindestens fünf Teilnehmer) und die Teilnehmer spielfreudig genug sind. Sind Konflikte bereits bis zur »Verhärtung« eskaliert, sollte man mit dieser Methode nicht mehr arbeiten.

Bei der Systemskulptur stellt ein Mitglied einer Konfliktpartei die anderen Teilnehmer so im Raum auf, wie es seinem (Konflikt-)Eindruck entspricht. Kriterien für die Position der einzelnen Teilnehmer in der Skulptur könnten sein:
- Nähe und Distanz,
- Blickrichtung,
- Körperhaltung (vorgebeugt, Hand zeigt eine angreifende Position),
- Symbolisieren von Über- und Unterordnung (durch Stehen auf einem Stuhl oder Hinknien).

Der moderierende Vorgesetzte kann hier mit Nachfragen wie »Stimmt die Richtung?«, »Ist die Hand eher eine Faust?« oder durch Aufmunterung (»Verändern Sie die Körperhaltung so lange, bis es stimmt!«) helfend eingreifen.

Durch Befragen der Spieler (»Was fällt Ihnen an Ihrer Position auf? Wie erleben sie Ihre Position und Beziehung zum Aufstellenden?«) und des Aufstellenden (»Was ist ihnen aufgefallen? Wie haben Sie die Situation erlebt?«) lässt sich eine konstruktive Diskussion der Konfliktlage befördern und kann sogar bis hin zu Veränderungsmöglichkeiten weitergeführt werden. Hierbei verändert der Aufstellende seine Position, worauf die anderen dann reagieren.

Es reicht aber nicht, bei der Skulpturphase stehen zu bleiben. Damit die in dem Spiel gemachten Erfahrungen zu einer konstruktiven Konfliktlösung genutzt werden können, gehen die »Spieler« auf ihren Platz zurück und tauschen die Erfahrungen in einem moderierten Gespräch aus.

Diese Methoden helfen nur, wenn die Konfliktparteien noch zu einer konstruktiven »Spiel«-Arbeit bereit sind. Eskaliert nun aber die Diskussion zu einem Streitgespräch mit persönlichen Angriffen und wechselseitigen Vorhaltungen, kann manchmal eine Verschiebung des weiteren Gesprächs um ein bis zwei Tage

Wunder bewirken. Die Gemüter haben sich zumeist beruhigt und ein sachliches Gespräch über die Ursachen der Wahrnehmungsunterschiede ist möglich. Es liegt nun am Vorgesetzten, solch einem Gespräch auch eine Struktur zu geben, beispielsweise nach den Kriterien Ist/Soll, Konsens/Dissens oder nach inhaltlichen Kriterien wie einem Raumbelegungsplan etwa bei Konflikten um die Nutzung des Raumangebots. Wir raten dazu, diese Struktur zu visualisieren und das Gespräch für alle Konfliktbeteiligten sichtbar zu darin zu protokollieren (etwa als Konsens-Dissens-Bilanz auf einer Flipchart).

E – Einigung

Einigung meint, zumindest die konsensfähigen Punkte soweit zu konkretisieren, dass man Maßnahmen vereinbaren kann. Die anderen Punkte bleiben im Problemspeicher und werden später behandelt.

S – Schluss

Zum Ende der Moderation wird als Zielvorgabe für das weitere Vorgehen ein Plan festgelegt, der Perspektiven benennt und Handlungsabfolgen festlegt: Wer macht wann mit wem was und auf welche Art?

■ Die Vorgesetzten-Intervention als Mediation

Grundlage einer soliden Mediation ist ebenfalls die Vorbereitung nach dem Moderationsmuster des vorgestellten E-P-D-E-S-Schemas.

Darüber hinaus muss man sich als Mediator aber auch selbst Lösungen für die anstehende Konfliktlage überlegt haben und im Verlauf des Gesprächs mit den Betroffenen einbringen. Allerdings ist der Unterschied zwischen Moderator und Mediator für

Vorgesetzte nur theoretischer Natur. Im Alltag fallen beide stets zusammen. Denn:

> Ein Vorgesetzter darf sich nie als reiner Moderator (miss-)verstehen. Er muss stets auch Mediator sein können und so in Konfliktmanagementgesprächen eigene Lösungsideen parat haben.

Ob und wann er sie im Verlauf der Moderation einbringt, hängt allerdings von den jeweiligen Umständen, dem Zeitpunkt des Gesprächsverlaufs und den betroffenen Personen ab.

Hat der Vorgesetzte dagegen keine Vorschläge, wie der Konflikt gelöst werden kann, besteht die Gefahr, dass er zum Spielball der Forderungen und Störfeuer »schwieriger« Konfliktparteien wird.

■ Die Vorgesetzten-Intervention als Machtwort

Wer nie den Mut aufbringt, ein Machtwort zu sprechen, wird als Konfliktmanager gnadenlos scheitern. Das gilt vor allem für Vorgesetzte. Sie müssen bereit und in der Lage sein, die Ultima Ratio des Konfliktmanagements anzuwenden. Gerade bei schwierigen Konfliktparteien und vor allem dann, wenn der Konflikt eskaliert ist, kann in der Regel nur das Machtwort weiterhelfen, die klare Anweisung einer Verhaltens- oder organisatorischen Änderung.

Ein Machtwort ist – als Machtwort – die Kommunikation eines Herrschaftsanspruchs: Der Wille des Vorgesetzten wird durchgesetzt, auch wenn die Konfliktparteien dagegen sind. Ein Machtwort ist also kein Vorschlag, den man wie ein Mediator zur Diskussion stellt.

Ein solches Vorgehen setzt Mut und die Sicherheit voraus, dass das, was man fordert, auch wirklich das Beste und Richtige ist. Vorgesetzte sollten sich also wohl überlegen, wann, wo und an wen sie ein Machtwort formulieren. Gleichzeitig muss gewährleistet sein, dass man das, was man fordert, auch durchsetzen kann. Ein Vorgesetzter sollte sich also wohl überlegen, ob und über welche Machtmittel er verfügt, die Vorgabe auch zu kontrollieren.

Andererseits glauben wir, dass ein Vorgesetzter selbst in eine Konfliktmoderation nie nur als Moderator und Mediator gehen darf.

> Ein Vorgesetzter darf sich nie nur als Moderator oder Mediator verstehen. Er muss stets auch bereit und in der Lage sein, ein Machtwort sprechen zu können. Das ist vor allem dann der Fall, wenn die Konfliktparteien eine grundsätzliche Verweigerungshaltung an den Tag legen.

Ob und wann er das Machtwort im Verlauf der Moderation oder Mediation allerdings einbringt, hängt wieder vom Fall und dem Zeitpunkt des Gesprächs sowie von den betroffenen Personen ab.

Manchmal ist es auch so, dass die Konfliktparteien zu Beginn des Gesprächs – ähnlich wie das Kinder zu Beginn des Schuljahrs mit ihrem Lehrer machen – kleine Machtspiele aufführen, um die Autorität des Vorgesetzten zu testen. Wenn er diese Spiele mit Bravour absolviert, kann er später durchaus als lockerer und toleranter Moderator auftreten. Wenn er aber durch diese Prüfung fällt, als zu weich und schwach abgestempelt wird, wird er im Verlauf des Gesprächs auch kein Machtwort mehr sprechen können. Man nimmt ihn einfach nicht mehr ernst.

■ Zusätzliche Tipps zur Moderation und Mediation von Konfliktgesprächen

Unterschied zwischen Symptom und Ursache eines Konflikts beachten

In der Regel sind die Gründe dafür, dass sich jemand durch das Handeln einer anderen Person »bedroht« fühlt, tiefer anzusiedeln als auf der Phänomenebene bestimmter Verhaltensweisen. Dass jemand das Vorenthalten von Informationen als Konflikt erlebt, hat zumeist tiefere und stärkere Ursachen als den Umstand selbst.

Konfliktbearbeitung mit beobachtbarer und beobachteter Konfliktebene starten

Konfliktgespräche sollte man stets zunächst auf der Ebene der von einem selbst und den Beteiligten konkret beobachteten Verhaltensweisen halten. Tiefer liegende Ursachen wie Machtgelüste und Rollenklischees sind mehr subjektive Interpretation als objektive Tatsachen und bergen – zu früh geäußert – die Gefahr, den Konflikt noch zu verschärfen.

Zwischen Kritik- und Konfliktgespräch unterscheiden

Kritikgespräche sind in der Regel Vier-Augen-Gespräche, in denen das Fehlverhalten eines Mitarbeiters thematisiert wird. Konfliktgespräche dagegen behandeln die Schwierigkeiten zwischen Mitarbeitern und sind deshalb zumeist Gruppengespräche. Führt man nun Kritikgespräche im Kontext von Konfliktgesprächen durch, ist die Gefahr sehr groß, dass der Betreffende sich vorgeführt fühlt, also ein zusätzlicher Konflikt entsteht, der sowohl ein konstruktives Kritikgespräch als auch ein relativ sachliches Konfliktgespräch verhindert.

Kritikgespräch separat vereinbaren

Wenn ein Konfliktgespräch in ein Kritikgespräch umkippt, sollte man das Erstere abmoderieren und dann separat mit dem Kritisierten ein Kritikgespräch vereinbaren. Vermeiden sollte man dagegen, das Konfliktgespräch nahtlos in ein Kritikgespräch übergehen zu lassen, bei dem der so überflüssig gewordene dritte Gesprächspartner hinausgeschickt wird. In seinem Kopf entstehen dann schnell die fantastischsten Fortsetzungen der »real life soap«, die er soeben miterlebt hat.

Die Rolle des Vorgesetzten als Konfliktmanager beachten

Vorgesetzte sind im Konfliktmanagement durchaus als Mentoren, Coachs, Prozessbegleiter, Schlichter und Richter (Machtwort), nicht jedoch als Therapeuten gefragt. Die Therapie pathologischer Verhaltensweisen sollten und müssen Fachleuten überlassen werden.

■ Mobbing als Konfliktfeld

Wir haben den Konflikt ganz allgemein als ein durch Kommunikation ausgelöstes Gefühl der Bedrohung der eigenen Identität durch andere Menschen definiert. Die Pointe dieser Definition war unter anderem, dass man sich auch durch solche Menschen identitätsgefährdend bedroht fühlen kann, die einem gar nichts Böses wollen.

Mobbing dagegen bezeichnet in der Definition Leymanns (1993) eine soziale Situation im Arbeitsleben, bei der einzelne oder eine Gruppe von Menschen andere über einen längeren Zeitraum ganz bewusst und regelmäßig mit dem Ziel tyrannisieren, sie aus der Gruppe zu vertreiben. Der Begriff Mobbing bezieht sich also nicht mehr nur auf eine eingebildete, sondern auf eine *tatsächlich* vorhandene Täter-Opfer-Beziehung im Betrieb. Insofern stellt Mobbing einen besonderen Konfliktfall dar, der auch besondere und andere Maßnahmen erfordert, als das Management normaler Konflikte. Die folgenden Fallbeispiele (Leymann 1993, S. 16ff.) zeigen diese besonderen Konfliktlagen.

Claudia freute sich auf ihr Kind. Aber ihre nächste Kollegin und Duz-Freundin begann sie anzugiften: »Wie hast du dir das denn gedacht. Jetzt kann ich die ganze Arbeit allein machen, und der Chef muss für dich auch noch blechen.« Man fing an, über Claudia herzuziehen. Blickkontakte bekam sie nicht mehr. Betrat sie ein Zimmer, verstummten die Gespräche. Die Kommunikation bestand nur noch aus obszöner Anmache oder anonymen Haftnotizen: »Kauf dir ein anderes Parfüm, du stinkst.« Claudia vermutete, dass man sie dazu provozieren wollte, auf ihren Mutterschutz zu verzichten.

Einen promovierten Wissenschaftler, der in einem Verlag angestellt war, hielten seine Kollegen für homosexuell. Tagtäglich landeten Fotos von nackten Frauen auf seinem Schreibtisch.

Sein leichtes Sächseln, er war in den siebziger Jahren in den Westen gekommen, wurde dauernd nachgeahmt. Der Mann kündigte schließlich.

Ines war Sachbearbeiterin in einer Vertriebsfirma. Ihr Team bekam eine neue Chefin, die schon einige Tage nach ihrem Eintritt anfing, Ines wie Luft zu behandeln. Wenn Ines irgendetwas mit ihrer Teamleiterin besprechen wollte, wurde sie abschätzig behandelt. Die Chefin schüttelte nur immer mit dem Kopf, als wolle sie sagen: Komm mir nicht mit so dummen Fragen! Aber sie besprach nie etwas mit ihr und gab ihr keine Arbeitsanleitung, weder erhielt sie Kritik noch Lob. Schließlich entdeckt Ines, dass immer mehr von ihren Arbeitsaufgaben von Kolleginnen übernommen wurden. Sie sprach die Chefin darauf an, aber die schüttelte nur den Kopf und wollte von nichts wissen. Ines kündigte schließlich.

Anmache von Kollegen, sexuelle Belästigungen im Büro, abschätzige Bemerkungen von Chefs – all das ist weder neu noch auf die Arbeitswelt beschränkt. Auch Kinder können außerordentlich grausam und stigmatisierend zu Mitschülern sein. Was nun aber ist mit *Mobbing* genau gemeint, das heißt, was weist beim Mobbing über die bisher bekannten Phänomene verletzender Kommunikation im Arbeitsalltag hinaus?

■ Mobbing – ein Definitionsversuch

Der »mob« ist im Englischen wie im Deutschen der Mob, das heißt der Pöbel. Entsprechend bedeutet »to mob«, entweder jemanden anzupöbeln oder sich zum Mob, zur lärmenden Rowdiegruppe zusammenzurotten. »Mobbing« wäre derart entweder der Akt des Anpöbelns oder der des Zusammenrottens.

Betrachtet man nun die Phänomene, die heute als Mobbing bezeichnet werden, dann besteht der Hauptunterschied zum klassischen Anpöbeln in drei Punkten:
– Es geschieht nicht mehr nur durch einzelne Personen vereinzelt, sondern es wird von einer Gruppe ausgeübt. Im heutigen

Mobbing sind die beiden Bedeutungen (Anpöbeln und Zusammenrotten) des Wortes gewissermaßen zusammengefasst.
- Das »Anpöbeln« wird kontinuierlich über einen längeren Zeitraum wiederholt.
- Es wird damit ein ganz bestimmtes Ziel verfolgt: Letzthin soll die betreffende Person in ihrem Willen gebrochen, zum unfreiwilligen Verlassen der betreffenden Arbeitsgruppe oder des Betriebes bewegt werden.

Natürlich ist es für viele Menschen schon außerordentlich konfliktreich, wenn sie nur von einzelnen Kollegen oder Vorgesetzten gemieden oder beleidigt werden. Aber selbst wenn dieses Konfliktverhalten vom Vorgesetzten ausgeht: Ausweglos und insofern typisch für das vom Mobbing erzeugte Betriebsklima wird die Situation erst, wenn der Angegriffene keinerlei Beistand von Kollegen, anderen Führungskräften oder etwa dem Betriebsrat oder der Gleichstellungsstelle erfährt. Insofern ist beim Mobbing die – bewusste oder unbewusste – *Solidarisierung der Kontaktgruppe bei entsprechender Isolierung des Opfers* kennzeichnend.

Auch muss diese Gruppe ihr konfrontierendes, belästigendes oder nicht beachtendes Verhalten *kontinuierlich über einen längeren Zeitraum wiederholen.* »Einzelne Handlungen werden also erst dann zum Mobbing, wenn sie sich ständig wiederholen« und so »die Beziehung zwischen Täter und Opfer« konstituieren.
- »Also: Eine Unverschämtheit, einmal gesagt, ist und bleibt eine Unverschämtheit. Wiederholt sie sich aber jeden Tag über mehrere Wochen, dann sprechen wir vom Mobbing« (Leymann 1993, S. 21f.).

Was ist aber der Grund für dieses sich dauernd wiederholende Konfliktverhalten? Der Vergleich zwischen den erwähnten Fällen zeigt eine signifikante Parallele: Fast immer steht am Ende des Mobbings das Verlassen des Arbeitsplatzes durch das Opfer – durch Abschieben, Kaltstellen, mehrere Versetzungen, Einlieferung in die Psychiatrie, Frührente, Abfindung oder langfristige Krankschreibung (Leymann 1993, S. 59).

Nun muss aber den Tätern dieses Resultat nicht unbedingt als Ziel bewusst vor Augen stehen. Es wäre noch herauszufinden, was tatsächlich das gemeinsame Ziel der Mobbing-Gruppe ist. Es mag sein, dass sich die bewusste Intention lediglich darauf beschränkt, überhaupt jemanden in die Rolle des Opfers zu drängen.

»Zwischenziel« der Angreifer ist es auf jeden Fall, eine bestimmte Person *einzuschüchtern*, in gewisser Weise also ihren Willen zu brechen. Dieses Einschüchtern geschieht nun – grob gegliedert – in fünf Formen (Leymann 1993, S. 33f.), nämlich als:
- Angriffe auf die Möglichkeiten, sich mitzuteilen – das heißt, der Betroffene wird mundtot gemacht, etwa dadurch, dass man ihn ständig unterbricht, kritisiert oder anschreit.
- Angriffe auf die sozialen Beziehungen – das Opfer wird isoliert, etwa dadurch, dass die betreffende Person wie Luft behandelt wird.
- Angriffe auf das soziale Ansehen – der Angegriffene wird difamiert, beispielsweise indem man über ihn Gerüchte verbreitet, seine Behinderungen imitiert oder hinter seinem Rücken schlecht über ihn spricht.
- Angriffe auf die Qualität der Berufs- und Lebenssituation – der Betroffene wird disqualifiziert: Er erhält vielleicht nur mehr sinnlose oder gar keine Arbeiten mehr.
- Angriffe auf die Gesundheit – das Opfer wird direkt physisch angegriffen, durch Misshandlungen oder sexuelle Übergriffe.

Mit Ausnahme der letzten Form hat man es also beim Mobbing – wie bei jeder anderen Konflikthandlung auch – stets mit verbal oder nonverbal vermittelten *Kommunikationshandlungen* zu tun. Beim Mobbing handelt es sich folglich zumeist um innerbetriebliche Kommunikationen, bei denen eine Gruppe von Personen versucht, den Willen eines bestimmten Gruppenmitglieds zu brechen oder es zum Verlassen der Gruppe zu bewegen.

Es darf angenommen werden, dass das mit Mobbing bezeichnete Kommunikationsverhalten in Zeiten wirtschaftlicher Krisen, in denen die Tendenz wächst, sich mehr und mehr selbst der Nächste zu sein, eher zu- denn abnimmt. »Mobbing entsteht, wenn die Arbeitsbelastung wächst. Die Angestellten suchen sich einen Kollegen, an dem sie Streß abreagieren können« (Becker, zit. nach Titzrath 1993, S. 14).

■ Was kann getan werden?

Wir glauben, dass vor allem zwei Instanzen hier in die Pflicht genommen sind: Zum einen betriebsinterne Interessensvertreter wie Vertrauensleute, Personal- und Betriebsräte und Gleichstellungsbeauftragte. Neben rechtlicher und medizinischer Hilfe müssen sie dem Opfer vor allem die *Erfahrung der Solidarität einer Gruppe* vermitteln, die noch hinter ihm steht. Zum anderen sind die Vorgesetzten in der Pflicht.

Insgesamt kommt dem Führungsverhalten beim Mobbing eine besondere Bedeutung zu: Vorgesetzte sind oft selbst die Täter. Repräsentative Untersuchungen in Schweden zeigen, dass Mobbingaktionen von Vorgesetzten an Untergebene mit 37 Prozent der Fälle, nach den Attacken auf derselben Hierarchieebene (44 Prozent), die zweithäufigste Form des Mobbings darstellen (Titzrath 1993, S. 47). Und es liegt vor allem an den Vorgesetzten, das Mobbing der Kollegen untereinander zu unterbinden: »Uns ist kein einziger Fall bekannt, bei dem ein Vorgesetzter die Angelegenheit nicht in den Griff bekommen hätte, hätte er früh genug eingegriffen« (Titzrath 1993, S. 39). »Aber man sieht zu oder weg, man kümmert sich nicht darum und läßt es somit weiterlaufen. Man kann also behaupten, daß ein Konflikt zu Mobbing und Psychoterror werden kann, *weil er sich eben dazu entwickeln darf*« (Titzrath 1993, S. 61).

Dieses Sich-nicht-darum-Kümmern könnte sich nach weiterer Forschung sehr wohl als der wichtigste Grund für die Entstehung von Mobbing herausstellen – die, die zuschauen, dürften zumindest mitschuldig sein, denn sie sind die »Möglichmacher« (Titzrath 1993).

Vonseiten der Vorgesetzten sind demnach vorbeugendes Selbst- und Fremdbeobachten sowie ein frühes Eingreifen nötig, damit das normale Konfliktgeschehen im Betrieb nicht zum

Mobbing eskaliert. Dazu brauchen sie zum einen ein Sensorium für die möglicherweise verletzenden Elemente im eigenen Führungsverhalten. Zum anderen sollten sie über konkrete Präventivmaßnahmen gegen das Mobbing durch Kollegen verfügen.

■ Die 45 Mobbing-Handlungen – Was Mobber genau tun

Die folgenden Ergebnisse beruhen auf den Untersuchungen, die Leymann (1993) in Schweden durchführte.

Angriffe auf die Möglichkeit, sich mitzuteilen

- Der Vorgesetzte schränkt die Möglichkeiten ein, sich zu äußern.
- Ständiges Unterbrechen.
- Kollegen schränken die Möglichkeiten ein, sich zu äußern.
- Anschreien oder lautes Schimpfen.
- Ständige Kritik an der Arbeit.
- Ständige Kritik am Privatleben.
- Telefonterror.
- Mündliche Drohungen.
- Schriftliche Drohungen.
- Kontaktverweigerung durch abwertende Blicke oder Gesten.
- Kontaktverweigerung durch Andeutungen, ohne dass man etwas direkt ausspricht.

Angriffe auf die sozialen Beziehungen

- Man spricht nicht mehr mit dem Betroffenen.
- Man lässt sich nicht ansprechen.
- Versetzung in einen Raum weitab von den Kollegen.
- Den Arbeitskollegen wird verboten, den Betroffenen anzusprechen.
- Man behandelt ihn wie Luft.

Auswirkungen auf das soziale Ansehen

- Hinter dem Rücken des Betroffenen wird schlecht über ihn gesprochen.
- Man verbreitet Gerüchte.
- Man macht jemanden lächerlich.
- Man verdächtigt jemanden, psychisch krank zu sein.
- Man will jemanden zu einer psychiatrischen Untersuchung zwingen.
- Man macht sich über eine Behinderung lustig.
- Man imitiert den Gang, die Stimme oder Gesten, um jemanden lächerlich zu machen.
- Man greift die politische oder religiöse Einstellung an.
- Man macht sich über das Privatleben lustig.
- Man macht sich über die Nationalität lustig.
- Man zwingt jemanden, Arbeiten auszuführen, die das Selbstbewusstsein verletzen.
- Man beurteilt den Arbeitsplatz in falscher und kränkender Weise.
- Man stellt die Entscheidungen des Betroffenen in Frage.
- Man ruft ihm obszöne Schimpfworte oder andere entwürdigende Ausdrücke nach.
- Sexuelle Annäherungen oder verbale sexuelle Angebote.

Angriffe auf die Qualität der Berufs- und Lebenssituation

- Man weist dem Betroffenen keine Arbeitsaufgaben zu.
- Man nimmt ihm jede Beschäftigung am Arbeitsplatz, sodass er sich nicht einmal selbst Aufgaben ausdenken kann.
- Man gibt ihm sinnlose Arbeitsaufgaben.
- Man gibt ihm Aufgaben weit unter seinem eigentlichen Können.
- Man gibt ihm ständig neue Aufgaben.
- Man gibt ihm kränkende Arbeitsaufgaben.
- Man gibt dem Betroffenen Arbeitsaufgaben, die seine Qualifikation übersteigen, um ihn zu diskreditieren.

Angriffe auf die Gesundheit

- Zwang zu gesundheitsschädlichen Arbeiten.
- Androhung körperlicher Gewalt.
- Anwendung leichter Gewalt, zum Beispiel, um jemandem einen Denkzettel zu verpassen.
- Körperliche Misshandlung.
- Man verursacht Kosten für den/die Betroffene, um ihm/ihr zu schaden.
- Man richtet physischen Schaden im Heim oder am Arbeitsplatz des Betroffenen an.
- Sexuelle Handgreiflichkeiten.

■ Geschlechtsspezifische Aspekte des Mobbings

»Männer ziehen, psychologisch gesehen, passive Handlungen vor, sie werden weniger oft gehässig. Frauen bevorzugen aktive Handlungen, die das Ansehen verletzen« (Leymann 1993, S. 89).

Die häufigsten Mobbinghandlungen von Frauen

- man spricht über jemanden schlecht hinter dessen Rücken,
- man macht jemanden vor anderen lächerlich,
- man verbreitet falsche Gerüchte über jemanden,
- man schränkt jemandes Möglichkeit ein, sich zu äußern,
- man macht sich über eine Behinderung lustig,
- man macht Andeutungen, ohne etwas direkt zu sagen,
- man übt Druck aus durch ständige Kritik an jemandes Arbeit.

Die häufigsten Mobbinghandlungen der Männer

- jemand wird zur Strafe ständig zu neuen Arbeiten eingeteilt,
- man übt Druck auf jemand aus durch mündliche Drohungen,
- man spricht nicht mehr mit jemanden,
- man greift jemandes politische oder religiöse Einstellung an,

- man setzt jemanden an einen Arbeitsplatz, an dem er von anderen isoliert ist,
- man unterbricht ständig,
- man zwingt, Arbeiten auszuführen, die das Selbstbewusstsein verletzen.

»Männer werden anders belästigt als Frauen« (Leymann 1993, S. 89). Viele Frauen werden meistens von Frauen, Männer dagegen meistens von Männern angegriffen. Folglich: »Männer werden nicht nur auf ›männliche‹ Weise angegriffen, sie greifen auch selbst so an. Und ebenso ist es bei Frauen. Sie werden auf ›weibliche‹ Art angegriffen und greifen auch selbst auf diese Art an« (Leymann 1993, S. 90).

»Sexuelle Belästigungen sind unserer Erhebung zufolge selten.« Nur eine/einer der Befragten war während der letzten zwölf Monate sexuellen Belästigungen ausgesetzt (Leymann 1993, S. 90).

■ Die psychosomatischen Wirkungen des Mobbings

In einer landesweiten Untersuchung in Schweden wurden sieben Gruppen von Stresssymptomen geortet (Leymann 1993, S. 111).
- Gruppe 1: Gedächtnisstörungen, Konzentrationsschwierigkeiten, Niedergeschlagenheit, Initiativlosigkeit, Gereiztheit, Rastlosigkeit, Aggressionen, Gefühl der Unsicherheit, übersensibel bei Enttäuschungen;
- Gruppe 2: Albträume, Bauch-/Magenschmerzen, Durchfall, Erbrechen, Übelkeit, Appetitlosigkeit, »Kloß« im Hals, Weinen, Einsamkeit;
- Gruppe 3: »Druck« auf der Brust, Schweißausbrüche, trockener Mund, Herzklopfen, Atemnot, Blutwallungen;
- Gruppe 4: Rückenschmerzen, Nackenschmerzen, Muskelschmerzen;
- Gruppe 5: Einschlafstörungen, unterbrochener Schlaf, frühes Aufwachen;
- Gruppe 6: Schwäche in den Beinen, Antriebslosigkeit;
- Gruppe 7: Schwindel, Zittern.

■ Checkliste zur Stimmung am Arbeitsplatz

Kreuzen Sie all jene Punkte an, die an Ihrem Arbeitsplatz zutreffen:

	Die Stimmung im Team, in der Abteilung ist unserem Vorgesetzten/dem Chef/der Führungsspitze vollkommen gleichgültig. Probleme zwischen Kollegen werden gar nicht angehört – Hauptsache, alles funktioniert.
	Im Betrieb herrscht starker Konkurrenzdruck – wer hinauf will, braucht Ellenbogen.
	In der Firma gibt es mindestens einen der folgenden Stressfaktoren, Zeitdruck, Unterbesetzung, Lärm, Schmutz oder ähnliches.
	Private Kontakte zwischen Kollegen zählen eher zur Ausnahme.
	Wenn der Chef/Vorgesetzte auf einen Mitarbeiter zukommt, geht es meistens um Überstunden oder Kritik. Lob, Anerkennung oder ein netter Satz zwischendurch kommen ihm kaum über die Lippen.
	In unserem Betrieb gelten starre Hierarchien. Eigenverantwortliches Arbeiten ist nicht gefragt, wichtige Informationen erfahren Mitarbeiter spät oder gar nicht.
	Konflikte, die in der täglichen Zusammenarbeit entstehen, werden oft unter den Teppich gekehrt, keiner fühlt sich zuständig, Schwierigkeiten anzupacken.
	Die Fluktuationen in der Firma/der Abteilung ist hoch – viele Mitarbeiter sind frustriert und hoffen nur, möglichst schnell eine andere Stellung zu finden.
	In den letzten zwölf Monaten gab es eine Umwälzung (z. B. neues Firmenkonzept, Umstellung auf EDV), auf die die Mitarbeiter kaum oder nicht genügend vorbereitet wurden.
	Das Team spaltet sich häufig in feste Koalitionen. Die Grüppchen untereinander tauchen sich kaum aus.

	In den letzten zwölf Monaten ist es mindestens einmal vorgekommen, dass ein Mitarbeiter gekündigt hat oder »gegangen« wurde, weil er mit dem Team/der Chefetage angeblich nicht zurechtkam.
	Gerüchte und Tuscheleien gehören zur Tagesordnung. Offene Gespräche finden kaum statt.
	In unserer Firma gibt es keinen bzw. keinen engagierten Betriebs-/Personalrat, an den sich jeder vertrauensvoll wenden könnte.
	Die Firma befindet sich wirtschaftlich derzeit in keiner günstigen Position. Stellenabbau wurde bereits durchgeführt, angekündigt oder kann nicht mehr ausgeschlossen werden.
	Wenn jemand im Team einen Fehler macht, sorgen bestimmte Kollegen dafür, dass es auch der Chef erfährt.
	Intrigen und Neid sind in der Abteilung sehr verbreitet.
	Der Chef ist oft launisch, unberechenbar oder duldet keinen Widerspruch.
	In der Abteilung arbeiten fast nur Männer – einige scheinen von weiblichen Kolleginnen wenig zu halten, was sie z. B. mit geringschätzigen Blicken, Äußerungen oder zweideutigen Anspielungen deutlich machen.
	Der Vorgesetzte mag ein exzellenter Fachmann sein – von seinen Mitarbeitern kapselt er sich allerdings soweit als möglich ab.
	Die Anweisungen von oben sind oft unklar oder widersprüchlich. Keiner weiß so recht, was er tun oder lassen soll.

Auswertung

– *0–4 Punkte:* Mit dem Betriebsklima steht es bei Ihnen sehr gut. Sie dürfen zufrieden sein.
– *5–9 Punkte:* In Ihrer Firma zu arbeiten ist kein rein reines Vergnügen.
– *10 und mehr Punkte:* Alarmstufe rot.

Abbildung 3: Checkliste zur Stimmung am Arbeitsplatz (Huber 1993)

Literatur

Ajouni, J. (2001): Kismet. Zürich.
Altmann, G.; Fiebiger, H.; Müller, R. (1999): Mediation: Konfliktmanagement für moderne Unternehmen. Weinheim.
Baitsch, C. (1993): Was bewegt Organisationen? Selbstorganisation aus psychologischer Perspektive. Frankfurt a. M.
Beck, U. (1986): Risikogesellschaft – Auf dem Weg in eine andere Moderne. Frankfurt a. M.
Becker, H.; Becker-Hugo, A. (1996): Psychologisches Konfliktmanagement. 2. Aufl. München.
Bloch, E. (1959): Das Prinzip Hoffnung. Erster Band. Frankfurt/Main.
Bonn, E. (1985): Arbeitsmotivation von Führungskräften der deutschen Wirtschaft – Ergebnisse einer Umfrage bei Unternehmern und leitenden Angestellten. Bonn.
Brett, L. (2000): Zu sehen. Frankfurt a. M.
Bußkamp, W. (1998): Kommunikationsmanagement – Innovationen durch Perspektivenwechsel. München.
Crozier, M.; Friedberg, E. (1993): Die Zwänge kollektiven Handelns – Über Macht und Organisation. Frankfurt a. M.
Doppler, K.; Lauterburg, C. (1994): Change Management – Den Unternehmenswandel gestalten. 3. Aufl. Frankfurt a. M.
Duden (1963): Das Herkunftswörterbuch. Mannheim.
Duden (1974): Das Fremdwörterbuch. Mannheim.
Erikson, E. H. (1966): Identität und Lebenszyklus. Frankfurt a. M.
Etymologisches Wörterbuch des Deutschen (1997). 2. Aufl. München.
Felsch, A. (1999): Personalentwicklung und Organisationales Lernen. 2. Aufl. Berlin.
Fisher, R.; Ury, W. (1984): Das Harvard-Konzept – Sachgerecht verhandeln – erfolgreich verhandeln. 3. Aufl. Frankfurt a. M.
Francis, D.; Young D. (1996): Mehr Erfolg im Team. 5. Aufl. Hamburg.
Fuchs, W. et al. (1978): Lexikon zur Soziologie. 2. Aufl. Opladen.
Fuchs-Brüninghoff, E.; Gröner, H. (1999): Zusammenarbeit erfolgreich gestalten. München.
Glasl, F. (1997): Konfliktmanagement. 5. Aufl. Bern.

Goeudevert, D. (1999): Mit Träumen beginnt die Realität. Berlin.
Goffman, E. (1969): Wir spielen alle Theater. München.
Griese, H. M.; Nikles, B. W.; Rülcker, C. (1977): Soziale Rolle – Zur Vermittlung von Individuum und Gesellschaft. Opladen.
Haug, F. (1972): Kritik der Rollentheorie. Frankfurt a. M.
Hesse, J.; Schrader, H.-C. (1993): Krieg im Büro – Konflikte am Arbeitsplatz und wie man sie löst. Frankfurt a. M.
Höher, P.; Höher, F. (2000): Konflikt Management – Konflikte kompetent erkennen und lösen. München.
Huber, B. (1993): Psychoterror am Arbeitsplatz – Mobbing. Niederhausen.
Joas, H. (1975): Die gegenwärtige Lage der soziologischen Rollentheorie. 2. Aufl. Frankfurt a. M.
Kanning, U. Ü. (1999): Die Psychologie der Personenbeurteilung. Göttingen.
Kellner, H. (1999 a): Sind sie eine gute Führungskraft? Was Mitarbeiter und Unternehmen wirklich erwarten. Frankfurt a. M.
Kellner, H. (1999 b): Konflikte verstehen, verhindern, lösen – Konfliktmanagement für Führungskräfte. München/Wien.
König, R.; Haßelmann, U. (1999): Unveröffentlichte Seminarpapiere.
König, E.; Volmer, G. (1996): Systemische Organisationsberatung. 4. Aufl. Weinheim.
Königswieser, R.; Exner, A. (1999): Systemische Intervention: Architekturen und Designs für Berater und Veränderungsmanager. 3. Aufl. Stuttgart.
Krappmann, L. (1978): Soziologische Dimensionen der Identität. 5. Aufl. Stuttgart.
Kühl, S. (1998): Wenn die Affen den Zoo regieren – Die Tücken der flachen Hierarchie. 5. Aufl. Frankfurt a. M.
Lauterburg, C. (2001): Gute Manager fallen nicht vom Himmel. Organisationsentwicklung Heft 4.
Leymann, H. (1993): Mobbing. Reinbek.
Leymann, H. (1995): Einführung: Mobbing – Das Konzept und seine Resonanz in Deutschland. In: Leymann, H. (Hg.), Der neue Mobbing-Bericht. Reinbek, S. 13–26.
Luhmann, N. (1993): Soziologische Aufklärung 3: Soziales System, Gesellschaft, Organisation. 3. Aufl. Opladen.
Maleh, C. (2000): Open Space: Effektiv arbeiten mit großen Gruppen. Weinheim.
Malik, F. (2000): Führen, Leisten, Leben – Wirksames Management für eine neue Zeit. Stuttgart/München.

Meier, R. (1995): Führen mit Zielen. Berlin.
Nagel, R.; Oswald, M.; Wimmer, R. (1999): Das Mitarbeitergespräch als Führungsinstrument. Stuttgart.
Neuberger, O. (1994): Mobbing – Übel mitspielen in Organisationen. München.
Neuberger, O. (1995 a): Führen und geführt werden. Stuttgart.
Neuberger, O. (1995 b): Mikropolitik. Stuttgart.
NRZ – Neue Ruhr Zeitung (2001): 29 Prozent! Piloten setzen sich durch (08.06.2001).
Owen, H. (2001): Erweiterung des Möglichen – Die Entdeckung von Open Space. Stuttgart.
Piaget, J. (1985): Das moralische Urteil beim Kinde. Frankfurt a. M.
Reichholf, J. H. (2001): Warum wir siegen wollen – Der sportliche Ehrgeiz als Triebkraft in der Evolution des Menschen. München.
Riemann, F. (2003): Grundformen der Angst. 35. Aufl. München.
Rifkin, J. (2000): Access – Das Verschwinden des Eigentums. Frankfurt a. M.
Rifkin, J. (2002): Das Ende der Arbeit und ihre Zukunft. 2. Aufl. Frankfurt a. M.
Seifert, J. (1995): Gruppenprozesse steuern – Als Moderator Energien bündeln, Konflikte bewältigen, Ziele erreichen. Offenbach.
Sprenger, R. K. (1995): Das Prinzip Selbstverantwortung. Frankfurt/Main.
Senge, P. M.; Kleiner, A.; Roberts, Ch.; Ross, R.; Smith, B. (1996): Das Fieldbook zur »Fünften Disziplin«. Stuttgart.
Sprenger, R. K. (2000): Aufstand des Individuums – Warum wir Führung komplett neu denken müssen. Frankfurt a. M.
Sprenger, R. K. (2002): Vertrauen führt – Worauf es im Unternehmen wirklich ankommt. Frankfurt a. M.
Tannen, D. (1993): Du kannst mich einfach nicht verstehen – Warum Männer und Frauen aneinander vorbeireden. München.
Titzrath, S. (1993): »Meine Kollegen sind alle Säcke.« Neue Revue 1993: 14f.
Vogel, H.-C.; Kersting, H. J.; Bürger, B.; Nebel, G. (1997): Werkbuch für Organisationsberater. 2. Aufl. Aachen.
Watzlawick, P. (1990): Menschliche Kommunikation. 8. Aufl. Bern.
Weber, M. (1976): Wirtschaft und Gesellschaft – Grundriss der verstehenden Soziologie. 5. Aufl. Tübingen.

Neue Reihe: Psychologie und Beruf

Herausgegeben von Gerd Jüttemann, Berlin / Heidi Möller, Innsbruck / Lutz von Rosenstiel, München / Walter Volpert, Berlin / Wolfgang G. Weber, Innsbruck

1: Christina Schachtner (Hg.)
Das soziale Feld im Umbruch
Professionelle Kompetenz, Organisationsverantwortung, innovative Methoden
2004. 220 Seiten mit 12 Abbildungen und 3 Tabellen, kartoniert
ISBN 3-525-45150-4

Das Buch arbeitet die Konturen einer neuen Professionalität im sozialen Feld heraus, die sich in der gegenwärtigen gesellschaftlichen Umbruchssituation bewähren muss. Der Blick richtet sich auf die verschiedenen miteinander agierenden Wirklichkeitsbereiche im sozialen Feld.
Es werden Leitbildentwicklungsprozesse im sozialadministrativen Bereich und ein reflexiver Führungsbegriff aufgezeigt, der neben Personal- und Organisationsverantwortung auch gesellschaftliche und ökologische Verantwortung einschließt. Neue professionelle Handlungskonzepte werden diskutiert. Interkulturelle Kompetenz, Managementkompetenz, Netzwerkkompetenz und Kompetenzen zur Erzeugung kreativer Felder tragen den zukunftseröffnenden professionellen Orientierungen Rechnung.

2: Wolfgang G. Weber / Pier-Paolo Pasqualoni / Christian Burtscher (Hg.)
Wirtschaft, Demokratie und soziale Verantwortung
Kontinuitäten und Brüche
2004. Ca. 440 Seiten mit 3 Abbildungen, kartoniert
ISBN 3-525-45151-2

Die Wirtschaftsprozesse befinden sich in einem Stadium atemberaubenden Wandels. Unter den Bedingungen verschärfter internationaler Konkurrenz erlangt die Dynamik der Wirtschaftsentwicklung auf globalen Märkten eine neue Gestalt. Renommierte Expertinnen und Experten legen dar, welche Folgen diese Entwicklung für die berufliche Situation, das soziale Zusammenleben, die gesellschaftliche Integration sowie öffentliche und private Institutionen zeitigt. Im Zentrum stehen dabei Konzepte und Praxisfelder demokratischer Gestaltung, des Gemeinwesens und humaner Arbeitsbedingungen.

V&R
Vandenhoeck & Ruprecht

Handlungskompetenz im Ausland
Trainingsprogramme für Manager, Fach- und Führungskräfte

Die Reihe wird herausgegeben von
Alexander Thomas.

Sabine Foellbach /
Katharina Rottenaicher /
Alexander Thomas
Beruflich in Argentinien
2002. 149 Seiten mit 10 Cartoons,
kartoniert. ISBN 3-525-49053-4

Alexander Thomas /
Eberhard Schenk
Beruflich in China
2001. 148 Seiten mit 11 Cartoons,
kartoniert. ISBN 3-525-49050-X

Stefan Schmid /
Alexander Thomas
Beruflich in Großbritannien
2002. 169 Seiten mit 11 Cartoons,
kartoniert. ISBN 3-525-49051-8

Marlis Martin /
Alexander Thomas
Beruflich in Indonesien
2002. 177 Seiten mit 11 Cartoons,
kartoniert. ISBN 3-525-49052-6

Claude-Hélène Mayer/
Christian Boness /
Alexander Thomas
Beruflich in Kenia und Tansania
2003. 154 Seiten mit 10 Cartoons,
kartoniert. ISBN 3-525-49054-2

Tatjana Yoosefi /
Alexander Thomas
Beruflich in Russland
2003. 132 Seiten mit 8 Cartoons,
kartoniert. ISBN 3-525-49056-9

Claude-Hélène Mayer /
Christian Boness /
Alexander Thomas
Beruflich in Südafrika
2004. Ca. 150 Seiten mit einigen
Cartoons, kartoniert
ISBN 3-525-49057-7

Andreas Brüch /
Alexander Thomas
Beruflich in Südkorea
2., überarbeitete Auflage 2004.
Ca. 150 Seiten mit einigen Cartoons,
kartoniert. ISBN 3-525-49058-5

Sylvia Schroll-Machl /
Ivan Nový
Beruflich in Tschechien
2003. 144 Seiten mit 8 Cartoons,
kartoniert. ISBN 3-525-49055-0

*Alle Bände mit Cartoons von
Jörg Plannerer.*